세상을 바꾸는 부드러운 원칙

세상을 바꾸는
부드러운 원칙

퍼블리터

차례

추천사
국민에 귀 기울이는 경청의 정치 기대_이재명   6
한다면 하는 사람, 성기청_천호선   8
낙관적이고 미래지향적인 긍정주의자_김정렬   9

프롤로그
법이 할 수 없는 일을 정치가 한다   10

Chapter 1 나의 삶
초긍정으로 시련을 넘다

인생 최초의 시련   15
앞서서 나가니 산자여 따르라   20
여의도 정치에 입문하다   26
사회적 약자와 인권에 대한 고민   29
송파구청에서 행정의 디테일을 배우다   33
강력한 저항을 이겨내고 설득하는 법   38
원칙은 아름답지만 융통성은 지혜롭다   42
막냇동생과 아들에게 진 빚   45
흔들리는 공기업 긴급 '소방수'로 투입되다   51

Chapter 2 조직문화 혁신
허청(虛廳), 마음을 비우고 듣다

무너진 조직을 바로 세우다   57
경청(傾聽) 보다 허청(虛廳)이다   61
두려움 없는 조직을 만들다   67
소통 막는 폐쇄적인 군대식 조직 문화   72
징계가 아니라 개선이다   78
'꼰대'와 'MZ' 사이   82
사공이 많으면 배를 산으로도 옮길 수 있다   91
'청렴'이란 부끄러움을 아는 것   95

	청렴은 최고의 경제 정책이다	101
	상호인식 프로그램으로 마음의 선을 연결하다	109
	'브레인스토밍'으로 직원들의 마음을 들여다보다	114

Chapter 3
행정 혁신

선한 마음으로 행정하다

	말보다 실행이 먼저다	121
	'선심'이라는 말을 부끄럽게 하는 '행정'	124
	행정장 지수로 조직을 장악하다	130
	지역에는 지역에 맞는 사회지표 조사가 필요하다	133
	구호 아닌 수치로 보여준 '먼지 없는 송파'	140
	밥보다 삶의 질을 고민할 때다	145
	행정은 법이 아니라 따뜻한 마음으로	149
	지역, 나누지 말고 합치자	154
	산맥 뚫어서라도 동서 통합 시대 열자	160
	지역 소멸한다는데 집만 지을 것인가	164

Chapter 4
정치 혁신

어떤 강물도 마다하지 않는 바다처럼

	이재명, 광종에게 배워라	171
	여의도의 논리, 광장의 논리를 넘어	179
	민주주의를 지키는 최후의 보루	183
	반성 없는 더불어민주당에 회초리를 들다	187
	정당 개혁, 뿌리부터 시작하자	195
	십년 가는 권력 없고 열흘 붉은 꽃 없다	201
	'편 가르기' 아닌 통합의 대통령이 필요하다	207
	정치인의 존재 이유	212
	개혁, 바다로 향해 흐르는 물처럼	216

∥ 추천사 ∥

국민에 귀 기울이는 경청의 정치 기대

이재명
더불어민주당 대표

안녕하십니까?
더불어민주당 대표 이재명입니다.

성기청 전 LX 상임감사님의 〈세상을 바꾸는 부드러운 원칙〉 출판기념회를 진심으로 축하드립니다. 함께 해주신 모든 분들에게도 감사의 말씀을 전합니다.

〈세상을 바꾸는 부드러운 원칙〉에는 국민의 목소리에 귀 기울이는 경청의 정치, 서로 다른 목소리 속에서도 사회적 합의를 이끌어내는 '좋은 정치'에 대한 성기청 전 상임감사의 고민과 삶의 여정이 녹아 있습니다.

성기청 전 감사께서 국민의 생생한 목소리에 귀 기울이며 익산 발전을 위해 더 힘차게 나아가시길 응원하겠습니다. 다시 한 번 성기청 전 상임감사의 출판기념회를 축하드립니다.

고맙습니다.

2023년 11월

더불어민주당 대표

이재명

‖ 추천사 ‖

한다면 하는 사람, 성기청

천호선
노무현재단 이사 / 사회민주당 창당준비위원회 사무총장

한다면 한다. 그는 그런 사람이다. 물론 모두 성공한 것은 아니지만 과정을 보면 아쉬움이 없다. 해볼 수 있는 방법을 최대한 동원하고 최선을 다했다는 것을 알 수 있다. 누구보다 많은 것을 이루어 낸다. 우리는 그런 사람이 필요하다. 힘없는 사람, 억울한 사람에게는 성기청같은 사람이 더더욱 절실하다. 중요한 일이지만 다른 사람들이 지레 포기해온 일은 그와 같은 사람이 맡아나서야 한다.

송파에서 같이 일할 때 논쟁도 많이 했다. 그런데 기분이 나쁘지 않다. 생각해보고 스스로도 아니라고 생각하면 묻기도 전에 먼저 자기 생각이 틀렸다고 말하는 사람이다. 그걸 알기에 그와의 논쟁은 유쾌하다. 정치인은 누구나 실수를 한다. 실수를 인정하고 솔직히 사과하고 국민에게 용서를 구하면 된다. 진심으로 느껴지면 국민들은 너그럽다. 용서를 받으면 앞으로 나아갈 수 있다. 노무현은 그렇게 했다. 성기청도 그렇게 할 것이다. 한다면 하는 사람, 잘못을 깨끗이 인정할 줄 아는 사람이면 된다. 오래된 숙제가 풀려 나갈 것이고 잘못은 빠르게 시정될 것이다. 익산 시민 여러분께 흔쾌한 선택지가 생겼다.

‖ 추천사 ‖

낙관적이고 미래지향적인 긍정주의자

김정렬
전 국토교통부 2차관 / 전 LX국토정보공사 사장

성기청 감사님과 함께 공공기관에서 일을 한 경험이 있습니다. 그때 보여주신 삶의 철학과 행동이 책 내용에 그대로 잘 드러나 있습니다. 원칙적으로는 강직하면서도, 늘 사심없이 부드러운 마음으로 일해온 분입니다. 멀고 가까운 바에 매이지 않고 빈 마음으로 공정 무사하게, 그러나 활달한 모습으로 시원스럽게 꼭 해야할 일은 최선을 다해서 하시는 모습에 평소 많은 감명을 받았는데, 이 책을 통해서 그런 모습과 행동의 일단을 잘 볼 수 있었습니다.

민주를 갈망하던 시절, 서릿발같은 시련의 겨울을 넘어서 전략가이자 행정가로 매화처럼 피어난 길에 빛이 납니다. 첨단기술과 데이터 경제시대에 아름다운 원칙과 지혜로운 융통성으로 청렴한 조직문화를 이끌었던 성기청 감사님의 책 출간을 축하합니다. 인생의 고비마다 긍정의 화신으로, 또 낙관적이고 미래지향적으로 살아왔던 성기청 감사님의 약동하는 미래를 기대합니다.

❚ 프롤로그 ❚

법이 할 수 없는 일을 정치가 한다

요즘 익산 시내를 다닐 때면 늘 택시를 이용한다. 자가용을 이용하는 것보다 훨씬 편하기도 하지만 무엇보다 시민들의 생생한 목소리를 직접 들을 수 있어서 좋다. 민심의 전달자로서 택시기사님들 만한 분들이 또 어디에 있을까. 목적지까지 가는 시간 동안 내내 살아 있는 생생한 민심을 들을 수 있었다.

택시를 타고 달리며 기사님들과 대화를 나눌 때마다 국민들의 삶이 얼마나 어렵고, 또 기존 정치권에 대해서 얼마나 많이 실망하고 있는지 새삼 느끼게 된다. 오랜 시간 정치권에 몸담아 온 사람으로서 무거운 책임감을 느끼게 된다.

민생이 이토록 어려운데도 검찰 출신 대통령과 검찰 정권은 민생은 내팽개친채 이념을 앞세워 온 사방에 검찰의 날카로운 칼날을 휘두르고 있다. 수사와 압수수색, 구속이 난무하는 세상이다. 그것도 특정인에 대해서는 '무법지대'처럼 예외로 일관하고 있는 불공정한 상황이 계속 이어지고 있다.

정치권을 잠깐 떠나 공기업에서 상임감사를 하면서 조직 내의 많은 문제점들을 직접 마주하게 되었다. 잘못된 부분을 찾아내서 징계하는 것은 어떻게 보면 쉬운 일이다. 근본적인 해결이 되지 않으면 잘못은 반복될 수밖에 없다. 매년 사람 이름만 바뀌는 비슷한 형태의 비리와 부패를 얼마나 자주 목격하고 있는가.

국회의원은 법을 만드는 사람이지만, 그 법이 할 수 없는 일까지 해결할 수 있도록 고민하고 노력해야 한다. 원칙은 아름답지만 융통성은 지혜롭다. 세상은 법만으로는 살 수 없다. 원칙을 지키면서 그것이 국민들의 삶에 꼭 필요한 일이라면 법을 뛰어넘어서라도 할 수 있어야 한다. 그것이 정치, 그리고 정치인이 존재하는 이유가 아닐까.

2023년 11월 익산에서
성기청

Chapter 1
나의 삶

초긍정으로 시련을 넘다

인생 최초의 시련

백일도 안 된 핏덩이, 수술대에 오르다

인생 참 쉽지 않다. 세상에 나온 지 얼마 되지도 않았는데 큰 병을 앓고 수술대에 올랐으니 말이다. 백일잔치도 하기 전의 일이었다. 병명은 '선천성 백내장'. 눈에 흰자위가 제대로 자리 잡지 않아 제때 적절한 치료를 받지 않으면 시력이 발달하지 않아 약시가 되거나 잘못하면 맹인이 될 수도 있는 병이라고 한다.

태어난 지 100일도 되기 전의 일이니 그날의 수술과 관련된 일들 중 어느 한 순간도 내 기억에 남아 있을 리 없다. 내가 알고 있는 사실들은 모두 부모님으로부터 들은 것이다. 아버지와 어머니에게는 그날의 일이 살면서 겪었던 어떤 기억보다도 더 힘든, 다시 생각하고 싶지 않은 기억이 아니었을까. 어릴 땐 잘 몰랐지만 결혼을 하고 아이를 낳아 보니 그 마음을 조금은 알 수 있을 것 같았다. 백일도 되지 않은 핏덩이 갓난아이를 수술대 위에 오르게 하는 부모의 마음을.

다행히 수술은 성공적이었다. 부모님도 안도하셨다. 이어서 9살 무렵에 다른 쪽 눈을 한 번 더 수술을 하고 나서 눈 문제에 대해서는 큰 걱정을 덜게 됐다. 그 때문에 초등학교 입학이 조금 늦어지게 됐고 남들보다 1년 늦게 학교에 다니게 됐다.

전라북도 익산시 낭산면. 내가 태어난 곳이다. 아버지는 시골에서 농사를 짓는 평범한 농부였지만 교육열만큼은 대단한 분이었다. 스스로도 열심히 공부를 했고 자식들의 교육도 소홀히 하지 않는 사람이었다. 아버지는 초등학교 밖에 나오지 않았지만 독학으로 한학을 공부해 사주역학을 보고 근동(近洞)의 모든 비석과 현판 글씨를 직접 쓸 정도로 글 솜씨도 뛰어났다. 능력을 인정받아 면이나 군에서도 잠시 일했지만 초등학교 졸업이라는 학력 때문에 오래 일하지는 못했다.

아버지는 초등학교 입학도 하기 전에 큰 수술을 두 번이나 받은 나에 대해 늘 걱정이 많았지만 아버지의 걱정과 달리 나는 명랑하고 쾌활한 학생이었다. 성격도 낙천적이었다. 조금 불편함이 있었지만 개의치 않았다. 오히려 그럴수록 더 열심히 공부를 해야겠다는 마음이었다.

중학생 시절 친구들과 함께 교정에서. 사진 맨 오른쪽이 필자.

양쪽 눈의 시력 차이가 있어서 한 쪽으로만 보다보니 눈이 계속 안 좋아졌지만 그것이 세상을 살아가는데 큰 문제가 되지는 않았다. 친구들과 잘 어울려 뛰어놀았고 학교 공부도 잘했다. 중학교 시절에도 전교 1등은 못했지만 늘 2~3등 사이에서 왔다 갔다 했던 것 같다.

고등학교 진학을 앞둔 고민
중학교를 졸업할 시기가 되자 큰 도시에 있는 고등학교로 진학을 해야 하는지, 지역에 있는 고등학교로 진학을 해야 하는지 고민이 되었다. 아버지께서는 당시 내가 다니고 있던 중학교의 육성회원으로 활동

중학생 시절 선생님으로부터 상장을 받는 모습. 어떤 상이었는지는 잘 기억이 나지 않는다.

하고 계셨는데 "지역에도 인재를 키워야 한다"는 학교의 설득에 넘어가 그냥 인근의 고등학교로 진학하도록 했다. 물론 고등학교에 진학해서도 전교 1, 2등을 도맡아하긴 했지만 시골 지역의 고등학교라 체계적으로 입시를 준비하는 큰 도시의 고등학교와는 차이가 있었다. 시골 고등학교는 대학 진학을 준비하는 학생들이 많지 않다보니 입시 준비에 집중하기 어려웠다.

아버지께서는 내가 차분히 공부를 잘 하는 학생이었기 때문에 주변 환경과 상관없이 알아서 공부를 잘 할 것이라고 생각했지만 분위기를 완전히 무시할 수는 없는 일이었다. 고등학교를 졸업하고 아버지가 기대했던 좋은 대학에 진학을 하지 못하게 되자, 아버지는 지역에 있는 고등학교를 보낸 것을 조금 후회하시는 눈치였다.

"그때, 그냥 너를 그냥 큰 도시의 고등학교로 보낼 걸 그랬다."

아버지는 가끔 술 한 잔 드시면 못내 안타까운 마음을 표현하셨다. 아들이 조금 더 잘될 수 있는 길을 열어주지 못한 것에 대한 후회였다. 나도 고등학교 시절을 생각하면 많은 아쉬움이 남긴 하지만 지나간 일을 되돌릴 수는 없는 법이다. 긍정의 화신이자 낙천주의자인 내게 그런 일들은 이미 오래 전에 지나가 버린 과거일 뿐이었다.

앞서서 나가니
산자여 따르라

장관의 이름을 줄줄 외우던 소년

어릴 때부터 역사에 관심이 많았다. 학교 수업 중에서도 특히 국사와 세계사 시간을 좋아했다. 학교에서 수동적으로 수업을 받는 것을 넘어 내 스스로 좋은 역사 공부 방법에 대해서 고민도 했다. 역사를 공부하면서 가졌던 가장 큰 불만은 "왜 한국사와 세계사를 함께 가르치지 않을까?"하는 것이었다. 한국사와 세계사를 같이 공부하면 훨씬 입체적으로 역사를 이해할 수 있을 텐데. 삼국시대에 유럽에는 어떤 일이 있었고, 고려시대에 중동에서는 어떤 일이 일어났는지 함께 배운다면 세계사의 흐름을 훨씬 더 잘 이해할 수 있지 않을까.

정치에도 관심이 많았다. 요즘 아이들은 대통령 이름 정도는 알아도 각 부처별 장관이 누구인지, 자기 지역의 국회의원이 누구인지 모르는 아이들이 대부분이다. 그런데 나는 어린 시절부터 웬만한 부처의 장관들 이름을 줄줄이 꿰고 있었다. 신문이나 TV의 뉴스에 그런 사람들의 이름이 나오면 금방 외우곤 했다.

정치를 하겠다는 구체적인 꿈은 꾸지 않았지만 역사의 흐름 속에서 느끼는 세상의 변화만큼은 크게 느꼈던 것 같다. 개인적인 소소한 즐거움보다 세상의 변화에 대한 관심이 더 컸다. 역사를 좀 더 깊이 공부하고 싶은 마음에 전공은 사학과를 선택했다. 평범한 시대였다면 그저 역사책을 보며 역사 공부를 열심히 하고 있었을지 모르는 젊은 학생은, 결코 평범하지 않았던 시대 배경 때문에 운명의 소용돌이로 빨려 들어가고 말았다. 어느 날 우연히 들려온 노래 한 곡 때문에 내 인생 항로는 급 변침을 하게 되었다.

인생을 바꾼 노래 한 곡

우여곡절을 겪으며 대학에 입학했던 5월. 교정에는 따스한 햇살과 함께 봄바람이 살랑거렸다. 꽃이 피고 봄이 왔지만 교내 분위기는 그리 밝지만은 않았다. 1980년대 중반까지만 해도 대학 캠퍼스는 독재정권 타도와 민주주의에 대한 열망이 뜨겁게 타오르는 공간이었으며 대학생들과 전투경찰 사이에 화염병과 최루탄이 난무하는 긴장된 공간이었다.

대학 시절 동아리 MT 때의 모습. 사진 왼쪽에서 두 번째가 필자. 대학 시절 내내 학생운동에 열심히 참여했다.

대학 시절 독서토론 동아리 활화산에서 개최한 공개토론회 모습. 사진 왼쪽에서 두 번째가 필자.

입학 후 얼마 지나지 않아 교내에서 열린 사진 전시회를 보러 갔다가 그곳에 전시된 사진들과 함께 주최 측에서 몰래 보여준 동영상을 보고 큰 충격을 받았다. 1980년 5월 광주에서 있었던 일에 대한 기록으로 '광주민주화운동'에 대한 생생한 실체들을 보여주는 사진과 영상들이었다.

무장하지도 않은 민간인을 총과 몽둥이로 내려치는 모습, 피를 흘리고 쓰러지는 청년들, 시민을 도로 한 복판에서 무릎 꿇린 채 군화발로 걷어차는 모습들. TV나 신문의 뉴스에서 한 번도 본 적이 없는 장면들이었다. 이런 일이 바로 내가 살고 있는 곳과 얼마 떨어지지 않은 곳에서 일어났다는 사실이 내게 너무 충격적으로 다가왔다.

같은 땅에 살고 있으면서도 전혀 몰랐던 사실, 비슷한 또래의 청년들이 두들겨 맞고 피를 흘리며 쓰러져가는 모습을 몰랐다는 사실에 충격과 함께 온몸이 전율에 휩싸였다. 요동치는 가슴을 간신히 부여잡고 전시회장을 나오면서 운동장에서 들려오던 노래 한 곡. 그 노래가 내 귀에 와서 꽂혔다.

사랑도 명예도 이름도 남김없이
한평생 나가자던 뜨거운 맹세
동지는 간데없고 깃발만 나부껴

새날이 올 때까지 흔들리지 말자
세월은 흘러가도 산천은 안다
깨어나서 외치는 뜨거운 함성
앞서서 나가니 산자여 따르라
앞서서 나가니 산자여 따르라

'임을 위한 행진곡'이라는 이 노래의 한 구절 "앞서서 나가니 산자여 따르라"라는 대목을 듣는 순간 방금 전 보고 온 사진 속 장면들이 파노라마처럼 스쳐 지나갔다.

대학 시절의 독서토론 동아리 후배와 함께 한 모습. 사진 오른쪽이 필자.

'저 사람들은 왜 저기서 죽어가야 했을까. 그런데 우리가 여기에 이렇게 살아 있다는 것이 과연 올바른 일일까.'

살아있는 사람이라면 이 길에 가만히 멈추어 서 있으면 안 될 것 같았다. 그들이 갔던 길을 따라 나서야 할 것 같은 생각이 들었다. 다시는 이 노래를 듣기 전으로 돌아갈 수 없을 것이라는 예감이 스쳐 지나갔다. 이 때 느꼈던 분노는 특별한 정의감이라기보다 기성 교육에 대한 반감에서 비롯된 감정이 더 컸다. 그동안 학교를 다니면서 우리가 배웠던 것이 다 거짓말이라는 생각에 머리끝까지 화가 치밀어 올랐다. 학교라는 공간이 어떻게 진실을 외면하고 거짓된 내용을 학생들에게 가르칠 수 있는지. 거짓된 공간에 대한 환멸이 느껴져 학교 공부를 제대로 할 수 없었다. 그렇게 자연스럽게 학생 운동에 뛰어들었다.

대학 생활 내내 학생 운동을 열심히 했다. 독서토론회를 통해 책을 읽고 토론했으며 교육을 맡아 후배들을 가르치는 일을 주로 했다. 학내 시위 때문에 수배를 당하고 쫓기는 생활의 연속이었다.

여의도 정치에 입문하다

너, 정치하면 잘 맞겠다

대학을 졸업하고 나서 일반 회사에 들어가서 평범한 직장생활을 하고 싶은 생각은 없었다. 학교를 졸업하고 나면 지역연합 활동을 통해서 농민운동이나 노동운동에 투신할 생각이었다. 가기로 한 곳도 정해져 있는 상황에서 시간이 좀 남아, 잠시 지인을 만나기 위해 서울로 올라갔다. 우연히 나갔던 자리에서 인생의 큰 전환점이 되는 순간이 찾아 왔다.

당시 국회의원 보좌관이었던 분과 합석할 기회가 생겨서 이야기를 나누게 되었는데 그분은 내 이야기를 듣더니 무슨 생각이 들었는지 불쑥 한마디를 던졌다.

"너는 정치를 하면 잘 맞겠다. 함께 일해보지 않을래?"

세상을 바꾸어보고 싶다는 생각은 많이 했지만, 국회에 들어간다는 생각은 해보지 못했다. 그런데도 왠지 그 제안이 나쁘지 않았다. 가슴이 크게 뛰는 것을 느꼈다. 큰물에 들어가면 우리 사회를 위해서 더 많은 일을 할 수 있을 것이라는 기대도 있었다. 나는 그 제안을 받아들였고 대학을 막 졸업한 사회 초년생으로 박실 의원실의 막내로 여의도 정치에 입문하게 됐다.

13대 국회 끄트머리에 여의도 합류

1980년대 후반부터 1990년대 초까지 우리 사회에 민주화의 물결이 거세게 불었다. 1987년 6월 민주 항쟁의 결과로 대통령 직선제가 실시됐지만 김대중과 김영삼, 양김의 분열로 노태우 후보가 어부지리로 대통령으로 당선되는 결과를 낳았다. 이듬해인 1988년 4월에 치러진 제13대 국회의원 선거에서는 야당이 압승을 거두며 여소야대의 정국이 만들어졌다.

제13대 국회는 우리 의정사에서도 가장 드라마틱한 시간이었다. 5공 비리 청문회를 비롯해서 5·18 광주민주화운동, 언론통폐합 관련 3개 청문회가 동시다발적으로 열렸다. 전직 대통령이었던 전두환이 백담사로 쫓겨 가는 일까지 벌어졌다.

처음 국회를 경험했던 13대 국회에는 노무현, 이해찬, 이상수 의원 등 젊은 정치인들이 대거 등장하며 활기를 띠었다. 이해찬 전 최고의원과 함께 한 모습.

당시 초선으로 청문회 스타로 떠올랐던 노무현 의원을 비롯해, 이해찬, 이상수 의원 등 세상을 바꾸어보겠다는 열망을 지닌 젊은 정치인들이 대거 국회에 입성했다. 특히 국회의원은 물론 보좌관들까지 운동권 출신들이 대거 국회에 들어오면서 국회는 어느 때보다도 열정적이고 뜨거웠다. 나는 13대 국회의 후반부에 국회에 들어가 8개월 정도 일하면서 현실 정치의 세계에 대해서 배울 수 있었다.

사회적 약자와 인권에 대한 고민

14대 국회, 김종완 의원실에서 비서관으로 출발

13대 국회에서의 마지막 8개월 경험을 살려, 1995년 6월부터 시작된 제14대 국회에서 김종완 의원실 정책 비서관으로 본격적인 국회 일을 시작했다. 김종완 의원은 해공 신익희 선생의 비서로 정계에 입문, 정일형, 김대중 대통령 밑에서 정치인으로 활동했던 분이다. 1980년대 반군사독재투쟁 등 민주화 운동에 참여하면서 5차례 투옥되며 4년 8개월간 수감 생활을 하신 분이었다.

특히 1980년 전두환의 김대중 내란음모 조작 사건 조작으로 모진 고문을 받고 수감되기도 했던 민주 인사였다. 1982년 사면되었으며 이후 민주헌정연구회, 민주화추진협의회, 민주인권연구회를 창립해서 민주

해공 신익희 선생이 사망 진단을 받은 옛 호남병원 자리. 신익희 선생은 이승만과 맞대결을 펼쳤던 민주당 대통령 후보였다. 호남의원과 연결되어 있던 사택터는 현재 '비밀의 정원'이라는 작은 쉼터로 조성되었다. 붉은 벽돌 건물에 신익희 선생의 얼굴이 그려져있다.

화 운동을 해왔다. 김종완 의원은 국회의원이 된 후 당시 민주 인사들을 고문하던 남영동 대공분실의 '빨간방'의 실체를 세상에 알리기 위해서 엄청 애를 썼다. 인권 탄압을 많이 받았던 과거의 일들 때문에 특히 인권에 대한 관심이 많았다. 의원이 그런 성향을 갖고 있다 보니 인권 탄압에 대한 문제를 갖고 의원실을 찾는 국민들이 많았다.

동생의 억울함을 풀어달라

가장 기억에 남는 일은 카페 여종업원 살인사건의 누명을 쓰고 옥살이하다 진범이 붙잡혀 무죄가 밝혀진 전 서울관악경찰서 김 순경 사건이다. 사건의 개요는 이랬다. 여관에 투숙했던 한 젊은 여성이 변사체로 발견되면서 경찰이 수사에 들어갔는데 젊은 여성과 함께 투숙했던 남성이 있었다는 것이 드러났고 그 남성이 공교롭게도 수사를 담당했던 관악경찰서 소속의 순경이라는 사실도 밝혀졌다. 경찰은 함께 여관에 들어갔던 김 순경을 살인범으로 몰아 수사를 했고 1심 선고를 받고 교도소에 복역 중인 상황이었다. 어느 날 김 순경의 누나가 의원실로 찾아와서 "동생은 죄가 없고 결백하다"며 "동생의 억울함을 풀어 달라"며 눈물로 호소했다.

이 때 김 순경의 누나와 함께 직접 서울구치소까지 찾아가 김 순경을 만났던 기억이 난다. 직접 만나본 김 순경은 사람을 죽일만한 사람처럼 보이지 않았다. 게다가 결혼을 앞둔 애인을 죽일 이유도 없어보였다. 그래서 김 순경 구명 운동을 도우며 그의 억울함을 풀어주기 위해 동분서주했다.

들어보니 결혼을 앞둔 두 사람은 여관에 투숙했다가 혼수 문제로 다투고 나서 김 순경이 홧김에 여관을 나왔다고 한다. 나중에 알고 보니 문을 잠그지 않고 나오는 바람에 뒤에 강도가 들어 여자를 살해한 것이었다. 그 이후의 사실을 알 리 없는 경찰은 함께 투숙했다는 이유로 김 순경을 용의자로 지목했고 수사하는 과정에서 폭력을 행사했다는 것이 나중에 밝혀졌다.

다행스럽게 2심 계류 중 사건의 진범이 잡히는 일이 벌어진다. 다른 범죄로 붙잡힌 범인의 여죄를 추궁하는 과정에서 자신이 그날 여관에 침입했던 강도였다는 것을 실토함으로써 진범이 밝혀지게 되었다. 김순경은 1심과 2심에서 각각 징역 12년을 선고받고 1년여를 복역하다 진범이 붙잡혀 풀려날 수 있었고 후에 국가를 상대로 한 소송을 내 1심에서 2억 4000만 원의 배상 판결을 받기도 했다.

끝까지 구명운동을 펼치고 도움을 주려고 했던 사건이 잘 해결되어서 한결 마음이 가벼웠다. 의원실에는 이렇게 여러 억울한 사연을 가진 사람들이 늘 찾아온다. 법이라는 제도로 해결이 되지 않는 사람들이 국회로 찾아오는 경우가 많다. 우리 의원실을 찾아왔다는 것은 그만큼 자신들의 문제에 대해서 함께 고민해 줄 것이라는 믿음이 있기 때문이다. 김종완 의원실에 있으면서 우리 사회의 사회적 약자와 인권 문제에 대해서 다시 한번 생각해볼 수 있는 시간을 가졌다.

국회의원들은 법을 만드는 입법부의 일원이지만 법 너머의 삶에 대해서도 많은 고민을 해야 하는 사람들이다. 진정한 정치인이라면 법을 뛰어넘어서 그들의 고민을 들어주고 함께 할 수 있는 최소한의 마음이라도 가지고 있어야 될 것이다.

송파구청에서
행정의 디테일을 배우다

지방자치의 시대가 열리다

민주화의 바람이 사회 곳곳 어디라도 불지 않는 곳이 없었다. 지방 행정 분야도 예외는 아니었다. 1961년 군사정부가 들어서면서 효율적인 지역 개발을 위한다는 명목으로 사라졌던 지방자치제가 다시 살아났다. 우리나라는 1960년대 이전까지 지방자치제가 실시되어 왔으나 군사정부가 들어선 1961년 이후 완전히 사라지고, 주민의 뜻과 상관없이 중앙정부에서 임명한 사람이 지방 행정을 맡아왔다.

1995년 6월 27일 대한민국 최초로 전국동시지방선거가 실시됐다. 역사적인 이 선거를 통해서 전국 광역단체장, 기초단체장 및 광역의회의원과 기초의회의원을 선출했고 이를 통해 본격적인 지방자치제가 시작됐다. 지방자치제의 실시로 인해 지역의 특성을 잘 아는 지역 주민이나 지역 대표가 단체장이 되어 자신이 사는 지역에 꼭 필요한 부분이나 개선해야 할 문제점 등을 주민들이 결정하고 처리할 수 있게 되었다.

나도 새롭게 시작되는 지방자치제에 관심이 많았다. 직접 행정의 현장에 뛰어들어 정책을 만드는 시스템을 배우고 행정 업무의 디테일을 직접 경험해보고 싶었다. 작고 사소한 것이라도 일상 속에 필요한 일들을 하나하나 직접 만들고 바꿔보고 싶은 생각이 있었다. 행정의 디테일을 잘 알면 다시 국회로 돌아갔을 때도 더 많은 일을 할 수 있을 것이라는 생각이 들었다.

이러한 바람으로 15대 국회에서 해왔던 국회의원 보좌관을 그만두고 1996년 민선 구청장으로 선출된 김성순 송파구청장을 보좌해서 행정 경험을 하게 됐다. 본격적인 지방자치제가 실시되면서 지방자치단체장의 할 일도 크게 늘어났으며 그동안 부족했던 정무적인 업무에 대한 요구도 많았다. 특히 주민들을 위한 새로운 시책을 지속적으로 연구하고 그것을 현장에 적용할 조직이 필요했다.

구청 운영의 '씽크탱크'

그래서 송파구에서 만든 것이 바로 '구정연구회' 조직이다. 일종의 구정 혁신을 위한 '씽크탱크' 같은 성격의 조직이라고 할 수 있다. 지금은 많은 지자체에서 시정연구회나 구정연구회라는 이름의 조직을 갖고 활발하게 연구 활동을 하고 있지만, 당시만 해도 이런 성격의 조직이 처음이어서 신선한 시도로 주목받았다.

나는 당시 송파구청 구정연구회 소속 연구원으로 일하면서 구청 업무 전반에서 많은 경험을 할 수 있었다. '정무 구청장'이라는 별명을 들을 정도로 열심히 일했던 기억이 있다.

구청의 시책은 지역 특성에 맞아야 하고 또 지역 여건을 감안해서 실시돼야 한다. 어떤 지역에서 잘된다고 해서 다른 지역에서도 잘 된다는 보장이 없다. 지역마다 주어진 상황이 모두 다르기 때문이다.

또 이러한 일들은 단체장의 일방적인 지시나 몇몇 사람의 아이디어만으로 이루어질 수는 없다. 그렇다고 전문가나 학자들에 의존해서 할 수 있는 일도 아니다. 송파구에서 구정연구단을 소속 공무원으로 구성한 것은 실무자들이 자신들이 만든 각종 시책들이 직접 적용되고 그 효과가 시민에게 가시적으로 나타나야 하기 때문이었다.

송파구청의 구정연구회는 보건·사회 복지, 교육·청소년, 문화·체육, 재정 및 경영 행정, 도시 정비·건설, 청소·환경 등 6개 분과를 두고 구청 소속 공무원 중 성별, 나이, 학력, 지위 등에 대해 어떤 제한도 두지 않고 20명 정도를 선발해서 조직을 구성했다.

구정연구회에 대해선 구청장이 직접 연구 과제를 내려줄 때도 있었지만 팀별로 제안을 하기도 했다. 연구단의 연구 결과는 분과별로 검토와 전체 검토 회의를 거치도록 했다. 김성순 구청장은 항상 직접 참가해 회의를 주재했다. 연구원은 연구에 필요한 연구비를 지원받으며, 필요한 각종 도서나 자료를 우선적으로 공급해주고 사안에 따라서 필요한 경우 해외연수의 기회도 주었다. 연구 실적이 우수한 사람은 특별 승진 등 인사상의 우대를 해주는 등 파격적인 지원으로 힘을 보탰다.

매월 마지막 주 목요일을 정기 연구 보고 회의 날로 정해 연구 모임을 갖고 구정의 주요 사안과 수시로 부여되는 연구 과제를 다루었다. 연구원들은 구정의 두뇌 역할을 했다. 이런 활동 덕분에 당시 송파구는 다른 지역에 비해 선도적인 시책을 선보이면서 지자체 행정과 관련한 각종 상을 휩쓸 정도로 주목을 받았다. '먼지 없는 송파' 캠페인을 비롯, 장례 문화 개선, 실버악단 조직 등 톡톡 튀는 다양한 아이디어를 쏟아냈다.

나 역시도 당시 김성순 구청장과 함께 일하면서 행정에 대해서 정말 많이 배우고 크게 눈을 뜨게 됐으며 행정적인 업무는 물론 심리적으로 조직을 다루는 방법까지 터득할 수 있는 소중한 기회를 갖게 됐다. 이때의 경험은 훗날 공기업에서 상임감사를 맡아 조직을 혁신할 때도 큰 도움이 되었다.

강력한 저항을 이겨내고
설득하는 법

다시 국회의원 보좌관으로 돌아오다

김성순 구청장이 국회의원 선거에 출마하면서 나는 선거를 도와 승리로 이끌고 16대 국회가 열리자 다시 보좌관으로 돌아왔다. 오랜만에 밟아보는 국회의원회관이 조금은 낯설게 느껴졌지만 의욕만큼은 흘러 넘쳤다. 개인적으로는 국회 보좌관 '시즌2'인 셈이었다. 구청에서 행정 경험을 쌓았으니 시야도 넓어지고 업무에 대한 디테일도 더 강해졌다.

16대 국회에서 겪었던 가장 기억에 남는 사건은 단연 의약분업이라는 시대의 과제일 것이다. 의약분업은 진료를 통해 약을 처방하는 의사의 업무와 처방된 약물을 제공하는 약사의 업무를 서로 독립적으로 수행하도록 하는 제도를 말한다. 쉽게 말하면 '진료는 의사에게, 약은

약사에게'라는 한마디로 압축할 수 있다.

의약분업의 핵심은 의약품의 오남용, 특히 그중에서도 항생제 처방률을 낮춘다는 것이었다. 의약분업 실시 이전에는 외래환자도 진료 직후 병원에서 처방약을 받을 수 있었기 때문에 과도하게 사용되는 경향이 있었다. 의약품 오남용 문제는 건강보험의 재정 문제를 넘어 항생제에 대한 내성이 생기도록 해 나중에 약이 듣지 않는 심각한 상황을 초래할 수도 있는 문제였다.

정권의 명운을 건 '의약분업'의 성공

의약분업의 실시는 정말 어려운 과제였다. 한 나라의 의료시스템 전반을 완전히 새롭게 하는 정책이기 때문에 그 파급력이 어마어마했다. 전국의 의사들이 국민의 생명을 담보로 거세게 저항했고 그들을 설득하기 위해 수많은 협상과 토론이 이어졌다.

이런 와중에서 할 수 있는 일은 기존 의료시스템의 문제를 파고들어 문제를 제기하고 그를 통해 변화와 혁신에 대한 당위성을 설파하는 것이었다. 당시 김성순 의원실에서도 의약분업으로 가는 길에 큰 힘을 보탰다. 당시 진료기록의 전산화가 이루어지지 않은 상태였기 때문에 환자들의 정보를 활용해서 보험을 청구하는 의사들의 사례가 있었다. 자원봉사를 가서 확보한 사람들의 명단이나 사망자의 명단을 갖고 진

국회의원 보좌관 시절 세미나에 참석했을 때의 모습(사진 맨 오른쪽이 필자). 정치란 국민을 위한 설득의 예술이라는 것을 배울 수 있는 시간이었다.

료비를 타내는 병원과 의사들이 있었다. 일종의 '백골징포(白骨徵布)'같은 것이다. 백골징포는 조선시대에 횡행했던 것으로 죽은 사람을 군적(軍籍)에 올려놓고 강제로 세금을 거둬들이는 것을 말했다. 실제 진료 기록은 없는데 사람 명단만 갖고 공간에서 보험을 타가는 일도 비일비재했다.

국민을 위한 설득의 예술

한쪽에서는 그런 문제점들을 파헤치고 다른 한 쪽에서는 설득을 하는 과정을 거치면서 우여곡절 끝에 새로운 제도가 출발하게 되었다.

처음 시작할 때만 해도 이해관계자들이 저마다 반대 목소리를 키웠지만 의약분업 실시 20년이 지나면서 지금 와서 살펴보면 긍정적인 효과가 훨씬 더 컸던 것으로 보인다.

새로운 제도를 도입할 때마다 국민들을 설득한다는 것은 쉬운 일이 아니다. 국회는 그런 면에서 설득의 예술을 발휘하는 공간인 것 같다. 종량제 봉투를 도입할 때만 해도 그렇다. 평상시 그냥 알아서 버리던 쓰레기를 돈 주고 산 봉투에다 담아서 버리라고 하자, 엄청난 반대가 제기됐던 것 기억할 것이다.

하지만 지금은 너무나 당연한 일상이 됐고, 쓰레기를 줄임으로써 지구 환경보호와 기후변화에 대한 대응 측면에서도 큰 공헌을 한 것이라고 생각한다.

요즘 국회의원들이 일을 하지 않는다는 이야기를 많이 한다. 아무리 큰 반대가 있어도, 그것이 우리의 미래를 위한 일이라면 저항을 이겨내고 설득하고 앞으로 나아가야 할 것이다. 두 번째 국회 보좌관을 하면서 얻은 커다란 배움이다.

원칙은 아름답지만
융통성은 지혜롭다

광주 오포비리 사건을 파헤치다

17대 국회에서는 장복심 의원 보좌관으로 다시 국회에 들어왔다. 장복심 의원실에 있을 때 문제를 제기했던 사건 중 하나는 바로 광주 오포비리 사건이었다. 광주시 오포읍은 분당과 맞닿아 있고 판교 신도시와도 불과 5킬로미터 밖에 떨어져 있지 않아 개발 수요가 큰 지역이다. 그동안 수질오염총량제 등 규제 정책으로 개발이 억제돼 왔다.

그러나 광주시는 2007년까지 아파트 8000세대를 추가로 짓기로 환경부와 합의하고 이 물량을 각 업체별로 배분했으며 인허가 과정에서 전 국회의원과 시장 등이 구속되는 사태가 벌어졌다. 당시 제보 받은 하나의 문건으로 시작, 의심이 드는 부분에 대해서 계속 자료를 요구하고 추적하면서 문제를 파고들었던 기억이 난다.

세상은 법으로만 움직일 수 없다

젊은 시절 국회의원 보좌관으로 일할 때 정말 열정적이었다. 내 손으로 사회를 한번 바꾸어보겠다는 의욕이 대단했다. 공직자들을 철저히 감사해서 국민의 세금을 좀 먹는 일을 막아보겠다는 생각으로 눈에 불을 켰다. 국정감사 시즌이 되면 잠을 제대로 자지 못하고 자료 조사와 각 부처 감사에 매달렸던 것 같다. 각종 부조리와 사회 문제에 대해서 그것을 직접 해결하겠다는 강한 의지와 사명감이 엄청 투철했던 시절이었다.

그런 일들이 반복되면서 과연 그런 방식으로 잘못된 관행들이 없어지고 개선될 수 있을까 하는 것에 대해서 의문도 들었다. 구조적 모순에서 오는 것도 있고 제도의 문제도 있다. 그런 일들은 구조를 바꿔야 된다. 똑같은 잘못들이 계속 반복되는 것을 보면서 감사는 징계가 아니라 개선에 더 방점이 있다는 생각을 더 확실하게 했다.

그래서 얻은 교훈이 "원칙은 아름답지만 융통성은 지혜롭다"는 것이다. 지혜라는 것은 일을 매끄럽게 정리하는 것이다. 문제가 있다고 해도 원칙대로 모든 사람들을 징계하겠다고 나선다면 아마 남아 있는 사람이 없어질 것이다. 철저하게 조사하고 감사한다면 과연 그건 잘한 일일까. 그 문제는 해결이 될까. 앞으로 그런 일은 없어질까. 그런 고민을 하다보면 답을 얻지 못할 때가 많았다.

당시만 해도 상당한 원칙주의자였다. 하지만 시간이 흘러서 돌아보니 또 다른 가치가 보인다. 융통성을 잘 살리면 원칙보다 더 아름다울 수 있다. 세상은 법으로 움직일 수 없다는 것도 깨닫게 된다. 법은 최소한의 도덕일 뿐이다.

막냇동생과 아들에게 진 빚

진짜 내 정치를 한번 해보겠다

　장복심 의원실을 나오면서 진짜 내 정치를 한번 해보고 싶었다. 그동안 여러 훌륭한 국회의원들을 도와서 정치 무대에서 정신없이 뛰어다녔지만 이제 내 목소리로 홀로서기를 해보고 싶었다. 첫 도전 목표는 서울시의원 출마였다. 출마를 위해서 차근차근 준비를 해왔고 당선에 대한 자신감도 있었는데 막판에 전략 공천이라는 이름으로 판이 뒤집어지면서 큰 충격을 받았다.

　첫 도전부터 예상치 못한 결과를 마주하다보니 정신적으로 힘들었다. 첫 도전의 실패에 포기하지 않고 이어 두 번째 도전에 나섰다. 이번에는 지역구 국회의원 출마였다. 이번 역시 착실하게 선거를 준비해가고 있었으니 이번에는 갑자기 몸에 이상 신호가 왔다. 긴급하게 병원에 가서 검사를 받았더니 신장 관련 수치가 크게 악화되어 있었다. 신장 기능이 완전히 망가진 상태였다.

돌이켜보면 대학을 졸업하고 박실 의원실에서 막내로 정치 수업을 받기 시작한 이후 정말 쉼 없이 달려왔다. 지방 출신으로 서울에서 살아남기 위해 남들보다 한발 더 뛰고, 자료 한 번 더 보려고 노력했던 시간이었다. 그때는 지금보다 국회의원실의 인력도 훨씬 적을 때였기 때문에 적은 인력으로 혼자서 몇 명의 일을 맡아서 하는 것이 거의 매일의 일과였다. 업무량이 많아서 밤새 일을 하느라 집에 못 들어가는 날이 많았고 사람들을 만나고 술을 먹어야 하는 일들도 많았다. 그러는 사이에 조금씩, 건강이 무너져 내리고 있었다. 앞만 보고 달려왔기 때문에 내 몸을 돌볼 생각도 하지 못했다. 그런 스트레스가 오랫동안 누적됐던 것 같다.

신장에 문제가 생기면 평생 투석을 하거나 아니면 누군가로부터 신장을 제공받아 이식 수술을 해야 한다. 신장은 우리 몸에서 유일하게 두 개인 장기이기 때문에 하나를 떼어주어도 건강에 지장이 없다고 한다. 하지만 그것도 아무나 줄 수 있는 것은 아니고 몸에 맞아야 한다. 그렇기 때문에 주로 가족이 그 대상이 돼야 하는 상황이었다. 아무리 친한 사이이고 가족 간이라고 해도 몸 안에 있는 장기를 떼어 남에게

준다는 것은 누구에게도 쉬운 일은 아니었다.

막냇동생의 선물

그런 절체절명의 상황 속에서 막냇동생이 내게 신장을 내어주었다. 더구나 당시 막냇동생은 결혼을 앞둔 상태였다. 본인의 의지도 의지이지만 배우자 될 사람이 그 사실을 알고 동의해줄 수 있을지 장담할 수 없었다. 그런데 미래의 제수씨는 곧 남편이 될 막냇동생의 신장을 떼어 형에게 주는 것에 흔쾌히 동의해주었다. 너무나도 고마운 일이다. 일이 그렇게 되기까지는 기가 막힌 사연이 하나 있었다. 막냇동생은 결혼을 앞두고 제수씨와 함께 사주를 보기 위해 점집을 찾았다고 한다. 그런데 그곳에서 뜻밖의 이야기를 듣게 됐다.

"몸에 칼을 대야 해, 안 그러면 나중에 크게 다칠 거야."

아무리 점쟁이가 하는 이야기라도 그런 이야기를 듣게 된다면 기분이 좋을 리가 없을 것이다.

"에이, 그냥 하는 소리겠지. 점쟁이 말을 다 믿을 수 있나."

동생은 애써 그 말을 잊으려고 했지만 마음이 찜찜해 다른 점집을 찾았다. 다른 곳에서 좋은 이야기를 들으면 기분이 좀 나아질 수 있을 것

같아서였다. 그런데 놀랍게도 다른 집에서도 그와 똑같은 이야기를 들었다는 것이다.

결혼을 앞두고 두 사람 모두 걱정에 휩싸여 있을 즈음, 내 소식을 듣게 된 것이었다. 내가 신장이 아파서 가족 중에서 이식자를 찾고 있다는 것을 알게 됐을 때 동생은 자신이 신장을 내어주어야 하는 것이 아닌가 생각했다고 한다. 신장을 이식하려면 몸에 칼을 대서 수술을 해야 하기 때문이었다. 그렇게 해서 결국 건강을 되찾을 수 있었다. 막냇동생이 형을 살린 셈이었다.

수술 이후에 건강하게 잘 살고 있고 결혼생활도 잘 하고 있는 막냇동생을 보면 그 점쟁이가 참 용하다는 생각이 들기도 한다. 신장 투석 한 번 하지 않고 성공적인 이식 수술을 통해 지금까지 건강하게 살고 있다.

아직도 세상이 진 빚이 많다

신장 수술을 하고 15년이 가까워오자 다시 신장 관련 수치가 나빠졌다. 이식 받은 신장이 다시 상태가 안 좋아진 것이다. 한번 이식 받은 신장은 15년 정도 지나면 기능이 떨어진다고 한다. 또 한 번의 신장 이식 수술이 필요한 상태였다.

가족들과 오랜만에 함께 촬영한 기념사진 늘 바빠서 가족과 많은 시간을 함께 하지 못해 미안한 마음이다.

 이번에는 아들이 내게 신장을 내어주었다. 첫 신장 수술 때만 해도 어린 아이였기 때문에 그럴 엄두도 내지 못했지만 어느 새 20대 후반의 청년으로 성장해 있었다. 아내가 아들에게 이야기를 했는지 아들이 선뜻 동의를 해주었다.

 결혼도 하지 않은 20대 후반의 아들에게 신장을 받는다는 것이 부모로서는 차마 하기 힘든 일이었다. 아들은 아무 말 없이 아빠를 위해서 자신의 몸 일부를 흔쾌히 내어주는 결단을 내려주었다. 어릴 때 속도 많이 썩였고 걱정도 많이 하게 했던 아들이었는데 언제 이렇게 성장해 아버지에게 자신의 몸 일부를 내어주는 아들이 되었다.

　다행히 지금 인공신장에 대한 연구가 활발하게 이루어지고 있어, 다음 수술이 필요한 시간이 오면 아마 인공신장으로 대체가 가능할 것으로 기대하고 있다. 태어날 때 신장을 두 개나 갖고 세상에 나왔는데 남의 신장을 두 개나 더 받았으니 아직도 세상에 갚을 빚이 많다. 태어난 지 100일도 되지 않아서 큰 수술을 받은 것을 시작으로 살아오면서 많은 곡절을 겪었다.

　그럴 때마다 이렇게 극복한 것을 보면 참 운이 좋은 사람인 것 같다. 그런 어려움들이 나를 긍정의 화신으로 만들어 준 것 같다. 어떤 어려움에도 쉽게 포기하지 않고 긍정적인 마음으로 모두 극복하면서 살아왔다고 생각한다. 지나온 날보다 늘 앞날을 생각하면서 미래지향적이고 낙천적으로 살아왔다. 내가 하고 싶어서 그렇게 된 것도 아니고 인간의 의지로 어떻게 할 수 없는 일이다. 나한테 주어진 조건이 그런 것이라면 그렇게 살면 된다. 참 운이 좋은 사람이라고 생각하며 살고 있다.

흔들리는 공기업
긴급 '소방수'로 투입되다

경영 비리 사건으로 쑥대밭이 된 조직

정치권에서 잠시 떠나 LX한국국토정보공사의 자회사에서 대표이사로 경영에 참여했다. 2년 가까이 근무했을 무렵 모기업이라고 할 수 있는 LX한국국토정보공사에 경영 비리 사건이 터졌다. 사장과 감사가 해임되고 조직이 크게 흔들렸다. 나는 새로운 상임감사 공모에 지원해서 결국 2020년 10월, LX한국국토정보공사의 상임감사로 자리를 옮겼다. 사장하고 감사가 해임되는 바람에 불난 집에 불 끄러 간 셈이 됐다.

LX한국국토정보공사는 지적사업과 공간정보사업을 포함한 국토정보 서비스를 제공하는 기관이다. 일반인들이 이해하기 쉽게 간단히 말

2020년 10월 제23대 LX한국국토정보공사 상임감사로 취임했다.

하면 토지를 측량하는 일을 주 업무로 하는 기관이라고 할 수 있다. 이름만 들으면 낯설게 느낄 수 있지만 업무 자체를 놓고 보면 아주 낯선 분야는 아니다. LX한국국토정보공사는 그 뿌리가 매우 깊은 조직이다. 일제강점기인 1938년 조선지적협회로 처음 출발해 그 역사만 거의 90년이 다 되어간다. 일반 국민들에게는 2015년 이전까지 불렸던 대한지적공사라는 이름으로 더 잘 알려져 있다.

조직의 문제는 조직 문화에서 나온다

임원진 해임으로 공사의 위상이 바닥으로 실추되었고 국민들의 신뢰를 잃었다. 이 여파로 인해 조직 전체가 크게 흔들렸다. 깊은 자성을 토대로 한 큰 폭의 쇄신이 필요한 시점이었다. 공사에 들어가기 전 자회사 사장으로 있었기 때문에 조직 분위기는 대략 알고 있었지만 조직에 대해서 더 면밀한 검토가 필요했다. 검토를 해보니 조직의 상태가 생각보다 심각했다. 단순히 몇몇 경영진의 일탈이라고 볼 수도 있지만 그런 조직 분위기에서 아무런 대응을 하지 못하는 조직 구조에도 문제가 있어 보였다.

조직이 병들고 조직 문화가 무너졌기 때문에 그런 결과가 나왔다. 건강하지 않은 조직 문화를 혁신하지 않으면 잘못은 언제든지 다시 반복될 수 있다. 위기에 빠진 빠진 조직을 추스르고 정상화시키기 위한 '소방수' 역할을 맡아 조직 혁신이라는 새로운 과제를 수행해 나가야 하는 상황이었다.

Chapter 2
조직문화 혁신

허청(虛廳), 마음을 비우고 듣다

무너진 조직을 바로 세우다

반성하지 않는 조직

"사장과 감사의 해임, 그것이 과연 그 두 사람만의 문제일까요. 여기 있는 우리 모두의 문제입니다. 우리 모두가 함께 반성해야 합니다."

2020년 10월, LX한국국토정보공사의 상임감사로 취임하면서 조직 구성원들에게 밝혔던 첫 일성은 '반성하지 않는 조직'에 대한 이야기였다. 겉으로 드러난 결과만 보자면 사장과 감사 두 사람의 잘못이 가장 크다. 하지만 그렇다고 해서 이 일을 한두 사람의 개인적인 일탈이나 잘못으로만 덮고 끝낼 수는 없었다. 조직의 문제는 결국 그 조직의 문화에서 나온다. 조직이 병들고 조직 문화가 무너졌기 때문에 그런 결과가 나온 것이다. 건강하지 않은 조직 문화를 혁신하지 않으면 잘못은 언제든지 다시 반복될 수 있다. 위기에 빠진 조직을 추스르고 정상

LX한국국토정보공사의 상임감사로 취임하면서 조직 구성원들에게 밝혔던 첫 일성은 '반성하지 않는 조직'에 대한 이야기였다.

화시키기 위한 '소방수' 역할을 맡아 조직 혁신이라는 새로운 과제를 수행해 나가야 하는 상황이었다. 조직의 문화는 곧 일하는 방식이기도 하다. 조직 문화를 바꾼다는 것은 조직의 일하는 방식과 직원들의 생각하는 방식을 바꾼다는 것을 의미한다.

혁신을 이끌 핵심 인력을 찾아라

전임 사장과 감사가 갈등을 일으키면서 인사시스템부터 크게 흔들렸다. 파벌에 따라 조직이 나뉘고 내 사람 심기로 한꺼번에 특정 부서의 사람들이 물갈이 되는 등 인사 난맥상이 조직 전체를 휩쓸고 지나간 상태였다. 공정한 인사시스템과 인적자원의 활용은 조직을 움직이는 뼈대이자 근간이다. 그 근간이 무너지면서 조직 전체가 크게 흔들리고 있는 상태였다. 감사를 통해서 잘못된 인사를 바로 잡고 비리에 대한 조사를 철저히 실시해 훼손된 인사시스템을 정상화시켰다.

외부 인사가 새로운 조직에 오게 되면 기존 구성원들은 경계심을 갖게 마련이다. 더군다나 조직을 바로 잡겠다며 새로운 상임감사가 부임했으니 구성원들의 긴장감은 더욱 높아질 수밖에 없다. 이런 분위기 속에서 조직에 대해서 정확하게 파악하지 않고 의욕만 갖고 어설프게 조직을 혁신하겠다고 뛰어들게 되면 기존 구성원들의 조직적 반발에 부딪히게 될 가능성이 매우 높다. 혁신에 동참하더라도 마지못해서 하는 시늉만 하는 '껍데기 혁신'에 머무르게 될지도 모른다.

성공적인 혁신을 위해서는 우선 조직을 정확히 파악하는 것이 급선무다. 일반적인 조직의 경우 구성원들의 성향을 분석해보면 전체 구성원의 50퍼센트인 절반 정도는 어떻게 해도 큰 상관이 없는 사람들이다. 이들은 분위기만 잘 맞춰주면 적극적으로 혁신에 호응할 수 있는 사람들이다.

그리고 25퍼센트는 극렬 반대파, 나머지 25퍼센트는 혁신에 대한 의지가 있는 사람들이다. 이들 가운데 혁신의 의지가 있는 25퍼센트를 잘 찾아내 그들을 설득해서 개혁의 선봉으로 세우는 것이 중요하다. 이들이 전체의 50퍼센트인 사람들을 이끌고 갈 수 있으면 조직 혁신은 성공한다. 대세가 기울면 '반대파'들도 따라오게 되어 있다.

　혁신은 구성원들이 스스로 하는 것이다. 외부의 힘에 의존해서 혁신을 하게 되면 오래 지속되지 못한다. 외부의 힘이 줄어들거나 바뀌게 될 때 다시 원래 상태로 되돌아가기 때문이다. 또 경영진이 혁신의 주체가 되어서도 안 된다. 조직 내부에서 혁신의 의지가 있는 사람들을 발굴해서 그들이 혁신의 주체가 되도록 해야 한다. 조직 내에서 평가가 좋지 않은 사람을 혁신의 주체로 내세우면 그 혁신은 성공할 수 없는 것은 물론 조직이 더 나쁜 상태로 망가지게 된다. 시간을 갖고 충분히 구성원들의 말을 들어서 조직을 파악하고, 그런 과정에서 좋은 인재를 찾아내 스스로 혁신을 이끌어 나가도록 해야 한다.

경청(傾聽) 보다
허청(虛聽)이다

마음을 비우고 듣다

혁신의 주체를 찾기 위한 가장 좋은 방법은 구성원들의 목소리를 잘 듣는 것이다. 새로운 조직에 처음 오게 되면 구성원들의 특성에 대해서 잘 모르는 것이 당연하다. 적어도 3개월 동안은 아무런 편견 없이 일단 들어봐야 한다. 조직 내 다양한 구성원들의 목소리를 듣고, 그 과정을 통해서 혁신의 선봉에 설 사람들을 발굴할 수 있었다.

직원들을 파악하기 위해 공식적인 채널을 통해서 만남의 자리를 자주 마련하기도 했지만 그런 일이 아니더라도 틈만 나면 각 부서를 돌아다니면서 전체 직원들과 직접 소통하는 시간을 많이 가졌다. 공공기관은 물론 일반 기업에서도 상임감사가 부서를 직접 돌아다니면서 직원들을 만나고 그들의 이야기를 듣는 일은 매우 드물다. 하지만 나는 개의치 않았다.

　12년 간 국회 보좌관 업무를 수행하면서 느낀 바가 많다. 그 가운데 하나가 '모든 문제와 이를 해결할 수 있는 힘은 현장에 있다'는 것이다. 따라서 13개 지역본부와 167개 지사를 두루 다니면서 직원들과 직접 소통하는 일을 꾸준히 했다. 건강 때문에 술, 담배를 완전히 끊은 상태였는데 어쩔 수 없이 6개월 만에 다시 담배를 입에 물게 된 것도 그것과 무관하지 않다. 직원들하고 자유롭게 얘기하고 소통하려고 할 때 밀접한 스킨십을 할 수 있는 방법 중 하나가 '흡연'이었기 때문이다.

　보통 회사마다 직원들이 담배를 피울 수 있도록 마련된 흡연 공간에서 많은 이야기들이 오간다. 회사 내의 이런저런 이야기들은 물론 직원들 개인 이야기들도 듣게 된다. 사내 흡연실은 옛날로 치면 '빨래터' 같은 곳이다. 동네 아낙들이 모여 빨래를 하면서 동네 소식을 전하듯이 회사 내의 시시콜콜한 온갖 이야기들이 떠도는 공간이다. 처음에는 상임감사가 담배를 피우겠다고 나타나니 직원들이 멈칫하면서 경계심을 보였지만 직급을 떠나서 같이 담배를 물고 있다 보니 서로 친해지고 편해져서 소소한 이야기들도 많이 나누게 됐다.

　직원들을 직접 만난다고 해서 무슨 특별한 이야기를 하는 것은 아니다. 소통이라고 하면 많은 사람들이 뭔가 이야기를 해주어야 한다고 생각하지만 소통은 기본적으로 들어주는 일이다. 잘 들으려면 사람들이 말하고 싶은 것을 꺼내놓도록 분위기를 만들어야 한다. 나는 주로 직원들의 말을 들었다.

단순한 잡담이지만 그 속에는 사람들의 인간성이나 인격 같은 사회성이 모두 응축되어 있다. 또 잡담은 사람을 익숙하게 만들어준다. 사람에 익숙하게 되면 별로 친하지 않은 사이라고 해도 금새 가까워지며 더 가까운 관계로 인식할 수 있게 된다.

들음으로써 마음을 얻다

'이청득심(以聽得心)'이라는 말이 있다. 들음으로써 마음을 얻는다는 말이다. 귀 기울여 경청하는 일은 곧 사람의 마음을 얻는 최고의 지혜이기도 하다. "말을 배우는 데는 2년 걸리지만 침묵을 배우는 데는 60년이 걸린다"는 말이 있다. 아이가 세상에 태어나서 2살 정도 되면 부모와 어느 정도 소통할 수 있는 수준의 말을 할 수 있다. 하지만 잘 들어주는 사람이 되기 위해서는 환갑 정도는 되어야 한다는 것이다. 듣는다는 것이 쉬워보이지만 인생의 충분한 경험과 연륜을 통해 얻은 지혜가 있어야 비로소 가능한 일이다.

사람들은 누구나 듣기보다 말하기를 좋아한다. 그것은 아마 사람이 가진 본성 때문일 것이다. 누군가를 이해하기 전에 누군가로부터 먼저 이해받고 싶은 욕구가 더 강한 것이 사람이다. 하지만 이해받으려면 내가 먼저 상대의 말에 귀를 기울여야 한다.

 잘 듣기 위해서는 상대를 인정하는 것이 중요하다. 상대방이 얼마나 소중한 사람인지 인정하는 마음이 있어야 한다. 자녀든, 부하직원이든, 상사든 한 인격체로 상대방을 인정하는 것이 필요하다. 나이가 어린 사람이라고 해서, 부하직원이라고 해서 무시하는 마음을 갖고 있으면 그들의 이야기가 제대로 들릴 수가 없다.

 경청(傾聽)의 본질은 허청(虛廳)이다. 허청이라는 것은 빌 허(虛), 들을 청(聽), 즉, 마음을 비우고 듣는 것을 말한다. 겸손하면 들을 수 있고, 교만하면 들을 수 없다. 상대가 내 생각과 다른 말을 해도 들어 줄 수 있는 자세가 필요하다. 경청을 잘하는 사람은 상대의 감정에 공감하며 듣는 사람이다.
 다른 사람에게 이야기를 들을 때 내 생각이 마음에 가득 차 있으면 상대방의 말이 들어올 공간이 없다. 무슨 말을 해도 그 말이 들리지 않는다. 자신이 원하는 방향, 자신의 생각대로만 들으려고 한다. 자기 생각하고 맞는 사람의 말은 옳다고 생각하지만 그렇지 않은 사람의 말은 잘못됐다고 생각한다. 그래서 마음을 비우고 들어야 한다. 그것이 허청이며 소통의 기본자세다. 허청하지 않으면 직원들은 마음을 털어놓고 이야기하지 않는다.

중립적인 마음으로 가만히 듣다

동서양 고전 강의로 유명한 전근용 교수는 〈삶이 묻고 지혜가 답하다〉라는 책에서 허청의 필요성을 이렇게 말했다.

"경청과 불청을 잠시 내려놓고 중립적인 마음으로 가만히 듣기를 권합니다. 너무 귀담아듣지도 말고 너무 거절하지도 말고 허한 마음으로 남의 얘기를 조심스레 들어보고 내용과 정보를 잘 식별하는 게 중요합니다. 그리고 나서 상대의 말에 일리가 있으면 그 말을 수용하고 아니면 단호히 거절하는 게 실패를 줄이는 슬기로운 생활이 될 것입니다."

상대방의 말에 귀를 기울여서 열심히 듣는 것을 우리는 경청이라고 말한다. 오늘날에는 경청이 좋은 뜻으로 사용되고 있지만 원래는 그렇지 않다고 한다.

주나라 때 예에 관한 경전인 〈예기〉를 보면, 어린이가 경청하는 것은 금기로 꼽혔는데 어른이 말하는데 머리를 비스듬히 기울여 듣는 모양이 좋아 보이지 않았기 때문이다. 또 성인끼리 대화에서도 귓속말로 속삭이거나 남의 말을 엿들을 때는 귀를 기울여야 했으므로 경청이 좋은 뜻으로 사용될 리 없었다.

그러나 시간이 흘러 현대와 와서는 사람들이 자아가 강하고 자신의 생각과 주장이 강하다보니 남의 말을 잘 듣지 않게 돼 〈예기〉의 본뜻과 달리 현대 상활에서 우리는 어릴 적부터 가정이나 학교에서 남의 말을 경청하라는 말을 수도 없이 듣게 됐다는 것이다.

조직 구성원들에게 귀를 기울인다고 해도 듣는 사람의 마음 상태에 따라 들리는 말들도 달라질 수 있다. 듣는 것도 중요하지만 더 중요한 것은 듣는 자세다. 자신의 마음을 완전히 비우고 편견 없이 들어야 비로소 제대로 된 이야기를 들을 수 있다.

세계 최대 생활용품 업체 P&G의 래플리 회장은 "연봉이 왜 그리 높은가"라는 질문에 "경청의 스트레스에 대한 보상"이라고 대답한 적이 있다. 직급이 위로 올라갈수록 구성원들의 말에 귀를 기울여야 하며 이로부터 오는 스트레스가 만만치 않다는 것이다. 회장의 높은 연봉도 바로 이러한 스트레스를 잘 견딘데 대한 보상이라는 것이다. 그는 대화의 3분의 2를 다른 사람의 의견을 듣는 데 투자한다고 한다.

경청하려면 철저히 상대방의 시각에서 들어야 한다. 내 기준에서 판단해서 대화 중간 중간에 의견이나 반론을 제시한다면 경청은 물건너가고 만다. 적극적인 호응도 좋다. 좋은 경청은 귀뿐만 아니라 온몸으로 듣는 것을 말한다.

두려움 없는 조직을 만들다

조직 혁신의 선봉에 서다

조직 문화를 혁신하기 위해 가장 먼저 취한 조치는 개혁을 이끌 소수의 핵심 인력들을 선발해 이들을 먼저 교육시키는 일이었다. 한꺼번에 전체 조직을 변화시킬 수 없기 때문에 '선발대'를 먼저 교육시켜 이들이 조직의 혁신 전도사가 되어 주었으면 하는 마음이었다.

조직 내에서 나름대로 평판이 좋고 모범적인 생각을 가진 사람들을 중심으로 30여 명 정도를 모았다. 추천을 받기도 하고 직접 선발을 하기도 했으며 지원자도 받았다. 나름대로 조직 구성원들에게 모범이 되고 신뢰를 받는 사람들이 많이 포함되었다. 직급이나 나이와 상관없이 고르게 선발되도록 했으며 이들을 중심으로 청렴문화확산협의체를 조직했다. 청렴을 화두로 조직 문화를 바꾸어 나가겠다는 의지였다.

선발된 직원들은 정기적으로 모여서 조직문화와 관련된 책을 읽고 함께 토론했으며 서로 의견을 주고받으면서 토론한 내용들을 모아서 책으로도 만들어 경영진은 물론 일반 직원들에게도 나누어주면서 이들이 공감한 내용들을 조직 전체와 소통할 수 있도록 했다.

조직 내부는 물론 토론 내용을 보도자료로 만들어 회사의 활동과 동정이라는 주제로 언론사에도 배포했다. 보도자료를 배포하면서 흥미로웠던 부분은 토론과 관련해서 발언했던 내용을 담당 직원들의 육성 그대로 보도할 수 있도록 한 것이다.

"상사가 제 코멘트를 보고 뭐라고 하는 거 아닌가요?"
"쓸데없이 외부에 이상한 이야기한다고 뭐라고 하는 거 아닐까요?"

보통 언론을 통해서 기관의 보도자료가 나갈 때 조직 내 구성원들의 목소리가 나가는 일은 거의 없다. 주로 기관장이나 대표이사, 임원 정도의 코멘트가 나가는 경우가 일반적이다. 하지만 나는 독서토론을 진행했던 작가에게 요청해 토론 과정에서 누가 어떤 이야기를 했는지 코멘트를 넣어서 개별 직원들의 목소리를 생생하게 내보내도록 했다. 조직 혁신의 주체로서 구성원들이 직접 자신들의 생각을 당당하게 밝혔으면 하는 생각에서 취한 조치였다.

침묵 지켜서 해고된 사람이 아무도 없다고?

청렴문화확산협의체를 통한 독서 모임에서 가장 먼저 읽었던 책은 하버드 경영대학원 교수인 에이미 애드먼슨Amy C. Edmondson의 〈두려움 없는 조직〉이었다. 에이미 애드먼슨 교수가 25년에 걸쳐 조직의 심리적 안정감을 집중적으로 탐구한 책이다. 자신의 생각을 자유롭게 말하지 못하는 조직의 폐해를 잘 보여주는 책이기도 하다.

이 책을 읽으면서 우리 조직과 빗대어서 생각해보고 토론해보는 시간을 가지도록 했다. 이 책에서는 직장에서 문제 제기를 꺼리는 이유와 문제 제기를 가장 기피하는 내용에 대한 언급도 있었다. "동료들이 자신을 좋지 않은 시선으로 볼까 봐 침묵해 버린다"는 의견이 가장 많았고 "또 누군가를 당황시키거나 언짢게 하고 싶지 않아서"라는 의견도 많다고 한다.

"침묵을 지켜서 해고된 사람은 아무도 없다"

이 말 한 마디는 조직생활을 하는 사람들에게 많은 것을 생각해보게 한다. 우리 속담에도 '모난 돌이 정 맞는다'는 말이 있듯이 괜히 나서서 말하는 것보다 할 말이 있어도 아무 말 없이 가만히 있는 것이 오히려 낫다는 문화가 우리 사회 저변에 깔려 있는 것을 부인할 수 없다. 하지만 말하지 않는 문화가 많은 사람들의 생명이나 조직의 흥망을 좌우할 수 있다는 것을 알고 난 후에도 과연 그렇게 할 수 있을지 궁금하다.

엇갈린 운명의 비행기 두 대

1977년 스페인 카나리아제도 테네리페섬 공항에서 발생했던 '테네리페 공항 참사'는 승무원을 포함 총 538명의 탑승객이 사망하고 61명의 부상자가 발생했던 초대형 사고였다. 이륙 준비가 제대로 이루어지지 않은 상태에서 무리하게 이륙을 시도하다가 활주로에서 2대의 비행기가 충돌하면서 엄청난 수의 사망자를 발생하게 했다. 이 어마어마한 사고의 근본 원인은 수직적 위계질서 속 기장과 부기장, 항공기관사의 소통 부재에서 비롯된 것이었다. 문제를 파악했음에도 불구하고 쏘아붙이는 듯한 기장의 권위적인 말투에 눌려 부기장이나 항공기관사가 제대로 상황을 보고하거나 반박하지 못한 것이 결국 대형 사고로 이어진 것이다.

정반대의 결과를 가져온 사고도 있었다. 2009년 155명의 승객을 태우고 맨해튼 상공을 날던 미국 US항공 비행기의 엔진에 기러기 떼가 충돌하면서 추락의 위험에 빠졌다. 양쪽 엔진에 모두 결함이 생기면서 추락 일보 직전까지 갔지만 기장과 부기장은 권한을 나누고 신속하게 의사소통을 하면서 위기에서 벗어날 수 있었다. 일촉즉발의 상황 속에서도 각자의 역할에 집중했고 동시에 같은 팀으로서 서로의 업무에 도움이 될 수 있는 방법을 찾았다. 〈허드슨강의 기적〉이라는 영화로까지

제작됐던 이 사고는 소통의 중요성, 그리고 두려움 없는 조직의 중요성을 그대로 보여주고 있다.

〈두려움 없는 조직〉이라는 책은 도서구입비를 활용해서 임원들뿐만 아니라 많은 직원들도 함께 읽을 수 있도록 했고 소통하지 않는 조직이 어떻게 되는지를 많은 구성원들이 공감할 수 있는 계기가 되었다.

소통 막는
폐쇄적인 군대식 조직 문화

보고가 올라오지 않는 '깜깜이' 조직

문제가 있는 조직을 들여다보면 대체로 말이 없다. 윗선에서 내려오는 말은 많아도 아래에서 올라오는 말은 거의 없다. 보고 체계가 무너졌기 때문이다. 새롭게 부임하고 나서 조직을 둘러보니 조직 내부에 문제가 있어도 누구 하나 말을 하려고 하지 않았다. 보고가 제대로 올라오지 않기 때문에 경영자들은 조직의 실상을 제대로 파악할 수 없었다. 그야말로 '깜깜이' 조직이었다.

LX한국국토정보공사는 일제강점기부터 시작된 오랜 역사를 가진 유서 깊은 조직이지만 이로 인해서 관습처럼 해오던 업무나 조직 문화가 많이 남아 있는 것도 사실이다. 특히 토지 측량의 경우 아주 오래 전부터 '3인 1조' 형태로 팀을 구성해서 도제식으로 일을 해왔다. 이 분야에 입문하면 토지 측량 막대를 들고 다니며 오랜 시간 사수로부터 일을 배운다. 그러다보니 조직의 상사와 부하의 관계라기보다 도제식으로 배우는 스승과 제자의 관계에 가깝고 군기가 엄격한 군대의 상사와 부하 같은 관계가 유지되어 왔다. 지금은 현대식으로 측량방식이 많이 바뀌었지만 일하는 방식과 문화는 그대로 이어져 온 부분이 많다.

조직 문화 자체도 군대식 폐쇄적 조직 문화의 잔재가 많이 남아 있었다. 예를 들어 회사 내에서 직원 가족이 상을 당하면 많은 사람들이 몰려가서 밤새 술을 먹으며 함께 밤을 새워주는 것이 일반적인 문화일 정도다. 물론 과거 같으면 상주로부터 환영을 받았을 만한 일이었겠지만 요즘처럼 간소하게 치러지는 장례에서는 오히려 민폐가 되기 쉽다. 더 심각한 것은 그런 일들이 매우 좋은 조직 문화처럼 여겨온 점이다.

업무 특성상 입사부터 한 부서에 계속 있는 사람들이 많으며 도제식으로 오랫동안 한 사람 밑에서 일을 해오다 보니 내부에 파벌이 생기고 편 가르기로 인해 인사가 왜곡되는 일도 벌어졌다. 업무 능력과 관계없이 줄을 잘못 서거나 함께 어울릴 때 동참하지 않으면 불이익을 당하는 일도 있었다.

사장과 감사 등 일부 경영진과 공간정보 업무 일부를 제외하면 외부 인력의 유입이 거의 없이 내부 승진에 의존하는 순혈 조직의 문제이기도 하다. 나는 공공기관에도 개방직을 통해 외부 인력이 많이 들어와야 한다고 생각한다. 내부에서 오래 일한 사람들이 승진하는 것도 장점이 있겠지만 외부 인력 유입을 통해 좀 더 객관적 관점으로 일을 대할 수 있고 조직에 긴장감도 불어넣을 수 있기 때문이다.

모든 사고에는 전조가 있다, 하인리히 법칙

많은 조직들이 문제가 발생하고 난 후 대책 마련에 나선다. 매출이 떨어지고, 고객들의 불만이 쌓이고, 내부 비리 등 사건이 터지고 난 후에야 뒤늦게 사후약방문 식으로 대대적인 대책 마련에 나선다. 특히 군대식 폐쇄 조직 문화를 가진 곳일수록 이런 현상이 더욱 두드러진다. 보고 라인이 꽉 막혀 있어서 부정적인 보고가 올라오지 않기 때문이다. 문제가 있지만 계속 덮여 있기 때문에 알지 못하다가 한 순간 터지고 만다.

사고는 어느 날 갑자기 터지는 것이 아니다. 모든 사고는 그 전조가 있다. 대형사고가 발생하기 전 그와 관련된 수많은 경미한 사고와 징후들이 반드시 존재한다는 '하인리히 법칙'이 그것을 증명하고 있다. 하인리히 법칙은 미국의 한 보험사에 근무하던 허버트 윌리엄 하인리히Herbert William Heinrich가 산업재해와 관련된 사례를 분석하다가 발

LX한국국토정보공사 상임이사로 취임하면서 조직 내부의 조직문화 개선에 나섰으며 온·오프라인을 포함한 다양한 방식으로 소통하기 위해 노력햇다.

견한 통계적인 법칙이다.

하인리히는 실제로 발생했던 7만 5000건의 사고를 정밀 분석했는데 그 과정에서 새로운 사실을 알게 됐다. 큰 재해가 한 건 발생하기 전에는 작은 재해가 29번 발생하고, 또 재해는 아니지만 사소한 '사건 사고'가 300회 정도 발생했다는 것이다. 사고 발생에 대한 비율을 의미하는 '1:29:300의 법칙'이 바로 하인리히 법칙이다.

겉으로 볼 때 큰 사고는 어느 날 갑작스럽게 일어나는 것 같지만 표면적으로 그렇게 보일 뿐이다. 그 사고의 원인을 조금 더 자세히 분석해보면 사고가 발생하기 전에 끊임없는 신호를 보냈다는 것을 알 수 있다. 사람들이 그것을 보지 못하거나 보고도 외면했을 뿐이다.

멀쩡하게 바다를 운항하던 배가 갑작스럽게 가라앉거나 대형 백화점 건물이 하루아침에 폭삭 주저 앉는 것이 아니다. 배의 갈라진 틈으로 계속 물이 새어 들어왔다거나 건물 벽에 금이 갔다거나 기둥 일부가 흔들렸다는 식의 사소한 증상이 있었을 것이다. 사고는 어떤 우연한 사건에 의해 발생하는 것이 아니라 충분히 그럴 만한 개연성 있는 아주 작은 사고가 반복되는 과정을 반드시 거치게 마련이다.

하인리히 법칙은 산업재해를 분석하는 과정에서 발견됐으나, 최근에는 기업 경영이나 생산 관리 및 조직 관리 등 다양한 분야에서 위기 예방을 위한 법칙으로 광범위하게 응용되고 있다. 1:29:300의 비율은 아니더라도 많은 기업들이 사소한 실수에서 발생하는 작은 단서를 통해 보다 큰 위기를 예방할 수 있는 시스템을 가동하고 있다.

세계적인 물류 기업인 페덱스는 서비스 품질 수준을 최상으로 유지하기 위해 '1:10:100의 법칙'으로 불리는 특별한 품질 관리 제도를 운영하고 있다. 불량이 생길 경우 즉시 고치는 데는 1의 원가가 들지만, 책임 소재를 규명하거나 문책당할 것이 두려워 불량 사실을 숨기고 그대로 기업의 문을 나서면 10의 비용이 들며, 이것이 고객 손에 들어가

클레임 건이 되면 100의 비용이 든다는 것이다.

　우리 속담 "'호미로 막을 것을 가래로 막는다"는 말과 같은 이치라고 할 수 있다. 작은 실수를 그대로 내버려뒀을 경우 그 비용이 적게는 10배, 크게는 100배까지 불어나는 큰 문제로 심각해진다는 뜻이다. 조직에 닥치는 위기 상황은 어떤 것이든 항상 그 위기를 알리는 '시그널'을 보낸다. 그 신호에 둔감하다면 하루아침에 가라앉는 배나 무너지는 건물처럼 조직도 폭삭 주저앉고 말 것이다.

징계가 아니라 개선이다

법조인보다 경영인이 필요하다

어느 조직이나 감사 업무를 맡은 사람들을 보면 법조인 출신들이 많다. 감사 업무가 주로 조사하고 그 결과에 따라 징계를 하는 일이 주 업무이기 때문이다. 하지만 나는 이런 방식이 결코 효율적이지 않다고 생각한다. 감사의 업무는 조직 내에서 잘못된 부분을 감시하고 찾아내는 일이지만 문제를 적발해서 징계하는 데 방점을 두어서는 안 된다고 생각한다.

감사를 기본적으로 징계하는 사람이라고 보는 관점부터 잘못된 시각이다. 감사 업무는 징계보다 개선이 필요한 업무이며 그런 부분에 오히려 법률가들은 잘 어울리지 않는다는 것이 내 생각이다. 굳이 말하면 조직 혁신과 개혁을 할 수 있는 경영 전공자들이나 경영자 출신들이 더 낫다. 잘못을 찾아내서 그 책임을 묻고 징계하는 것은 오히려 쉬운 일이다. 의지만 있으면 언제든 할 수 있다. 하지만 징계는 문제를 해결하는 최후의 수단이 아니다. 그렇기 때문에 감사가 그렇게 많이 이루어져도 철마다 비슷한 잘못들이 반복되는 것이다. 정권이 바뀌거나 지자체장, 사장이 바뀌면 사람만 바뀔 뿐 잘못은 계속된다. 근본적인 제도, 구조를 개선하지 못했기 때문이다.

개선에 방점을 두다

문제를 찾아내는 방식으로 접근하면 수많은 사람들이 징계를 받을 수밖에 없다. 문제가 생기거나 제도적으로 문제가 있으면 계속 똑같은 형태로 발생이 되기 때문에 징계가 또 나온다. 구조적으로 문제를 개선할 수 있는 방법을 찾아야 한다. 필요에 따라서는 감사실과 관할부서가 함께 개선을 고민해볼 필요가 있다. 문제가 있는 부서에서 스스로 고치도록 하는 것이다.

젊은 시절 국회의원 보좌관 생활을 하면서도 비슷한 경험을 많이 했다. 국정감사 시즌은 물론 평소에도 혈기왕성한 마음에 공직자들의 문제에 대해서 엄정한 시각으로 감시하고 고발하는 과정을 반복했지만 돌아보면 그게 능사는 아니었다는 생각이다. 그렇게 치열하게 감사하고 지적했던 문제들 중에서 제도적으로 개선되지 않고 다시 반복되는 일들을 많이 봐왔기 때문이다. 후진적인 시스템에서 비롯되는 문제들은 그것을 고치지 않으면 계속 반복될 수밖에 없다.

공사에 온지 얼마 안 됐을 때 특정 업무를 진행하면서 업무 추진비 사용에 대한 문제가 붉어진 적이 있다. 경징계라고 해도 수십 명의 관련 직원들이 징계를 받아야 하는데 그게 무슨 소용이 있을까. 문제를 적발함으로써 징계 받는 사람들이 양산된다고 하면 결코 조직에 득 될 일이 없다. 그럴 경우 직원들을 징계하는 대신, 시스템을 바꾸는데 집중하도록 했다. 그 결과 ERP 시스템을 통해서 업무 추진비를 투명하게 사용하고 관리할 수 있는 방법을 개선했고 그로 인해 사고의 발생 가능성 자체를 줄이도록 했다.

적재적소에 배치하라

구성원들을 정확하게 파악해서 그에 알맞은 자리에서 일하게 해주는 것도 조직의 문제를 줄이고 개선할 수 있는 좋은 방법이다. 예를 들어 조직 내에 업무 평가 등에서 높은 평가를 받은 유능한 직원이 있다고 하자. 업무적으로 높은 평가를 받은 직원이지만 업무 능력 외에 그 직원의 개인적인 사생활까지 자세히 알지 못한다. 겉으로는 항상 웃으면서 일하지만 가정에 큰 우환이 있는 직원이 있을 수 있고, 개인적으로 말 못할 큰 걱정거리를 안고 사는 직원들도 있을 수 있다.

특히 요즘은 젊은 사람들 중에서 '영끌', '빚투' 등으로 로 부동산이나 주식, 코인 등을 해서 큰 빚을 진 사람들이 제법 있다. 젊은 나이인데 10억 원 정도의 빚을 진 사람들을 직접 본 적이 있는데 그 나이에 비하면 엄청난 금액이고 갚는다는 것도 쉽지 않아 보였다.

이런 직원들을 능력이 있다고 해서 재무 파트에 배치하거나 돈을 자주 만지는 업무를 하는 부서에 배치한다면 어떻게 될까. '견물생심(見物生心)'이라고 마음에 없다가도 막상 눈앞에서 돈을 보게 되면 욕심이 생길 수 있다. 자칫 잘못하다가는 고양이에게 생선을 맡기는 격이 될 수도 있다. 개인이 악해서 그런 것이 아니라 죄를 짓게 만드는 구조가 된다.

개인이 빚이 많이 있다고 해서 조직 생활에서 흠이 되는 것은 아니다. 그것은 철저히 개인의 사생활과 관련된 것이다. 그런 일을 가지고 인사에 불이익을 줄 필요는 없다. 만약 직원의 그런 상황을 잘 파악해서 돈과 전혀 관련 없는 부서에 발령을 냈더라면 아무 문제가 없었을 텐데 운 나쁘게 잘못된 부서로 가서 부정을 저지르게 될 수도 있기 때문이다. 그래서 인사에는 적재적소가 필요하며 그것을 위해서는 직원들의 속마음까지 들여다보는 소통이 필요하다.

'꼰대'와 'MZ' 사이

조직에서 나타나는 세대 간 갈등

요즘 기업이나 공공기관 등 조직의 현장에 나타나는 문제 중 하나는 세대 간 갈등이다. 관리자층인 X세대와 일반 사원인 MZ세대의 갈등이 조직 곳곳에서 일어나고 있다. 이들 세대는 마치 금성인과 화성인처럼 서로에 대해서 전혀 이해하지 못하고 있다.

많은 기업들이 이런 '차이'에 대해서 인식하고 있지만 아직까지 그 중요성을 인식하지 못하고 있거나 알고 있어도 그 문제를 어떻게 해결해야 할지 방법을 모르고 있는 상태다.

알고 보면 X세대는 MZ세대는 가족 관계다. X세대의 자녀들이 MZ

세대이고 MZ세대의 부모들이 X세대다. 가정에서 부모와 자식 간의 갈등이 회사에서는 상사와 부하 직원 간 갈등으로 나타나는 양상이다. 부모들이 자식들의 생각을 잘 모르듯, 상사들도 부하들의 마음을 잘 모른다. 더군다나 세상 변화의 속도가 너무 빨라 앞 세대가 뒤 세대의 변화를 쉽게 따라잡지 못하고 있다.

과거 한 세대를 30년 정도로 생각했으나 요즘은 17~18년이면 새로운 세대로 바뀌었다고 평가한다. 그만큼 변화가 빠르고 나이 차이가 많지 않아도 생각이나 생활 방식이 전혀 다르기 때문에 사회 구성원들 사이에 갈등의 소지도 많은 편이다. 조직 관리나 감사에 있어서도 이런 세대 변화에 따른 새로운 트렌드에 대한 이해가 필요하다. 또한 이에 맞도록 감사 기법도 달라져야 한다. 바뀐 세대 트렌드를 파악하지 못하고 옛날 자신들이 해왔고 살아왔던 방식대로 생각하려고 한다면 조직이 제대로 돌아가기 어려울 것이다.

〈90년대생이 온다〉라는 책에 보면 매일 8시 30분 정시에 칼 같이 시간 맞춰서 출근하는 신입사원을 보고 관리자가 조언하는 이야기가 나온다. "8시 30분은 출근을 하는 시간이 아니라 업무를 시작하는 시간이니 최소 10분은 일찍 오는 것이 예의"라는 충고에 신입사원은 당돌하게 대답한다.

"빨리 온다고 돈을 더 주는 것도 아닌데 제가 왜 정해진 시간보다 일찍 와야 하나요? 10분 전에 오는 것이 예의면 퇴근 10분 전에 컴퓨터 끄고 게이트 앞에 대기해도 되나요?"

〈90년대 생이 온다〉 중에서

기성세대에게는 어안이 벙벙해지는 충격적인 이야기이지만 자세히 훑어보면 틀린 말이 하나도 없다. 저 대답에 뭐라고 대응할 수 있는 상사가 어디에 있을까.

MZ세대 구성원들의 경우 회사에서 업무 중 보이는 모습으로만 그 사람을 평가하거나 판단하기 어려운 경우가 많다. 일상에서의 모습과 회사에서의 모습이 전혀 다른 직원들이 많기 때문이다. 일상에서 친구들과 만날 때면 말도 많고 활달하지만 회사에서는 말을 거의 하지 않거나 최소한의 말만 해서 무척 과묵한 사람으로 평가받는 경우도 많다. 그들은 회사 내에서 하루 종일 말 한마디 안 해도 전혀 어색해하거나 힘들어하지 않는다. 굳이 불편한 사람이랑 말하는 것보다는 아예 아무 말도 하지 않는 것이 낫다고 생각하기 때문이다.

특히 회사에서 '꼰대'라고 생각하는 사람 앞에서는 절대 자신의 의견을 말하지 않는다. 말하지 않아도 되는데 굳이 말해서 긁어 부스럼을 만들기 싫기 때문이다. 그러나 팀장이나 부서 책임자들의 경우 팀원들이 특별한 반대 의견을 말하지 않으니 자신의 생각에 모두 동의하고 있다고 착각하게 된다. 다른 사람들의 다양한 생각과 의견을 듣지 못하다보니 잘못된 판단을 내릴 확률도 높아진다. 그런 방향으로 계속 가게 되면 결국 회사가 위험에 빠지게 된다.

세대 간의 갈등을 해소하는 것이 쉽지 않지만 그나마 일상생활 속에서 소통을 통해 풀어나가는 것이 방법이 될 수 있다. 문화적 소통을 통해서 서로 이해할 수 있도록 하는 것이다. MZ세대들은 이해하지 않으면 마음을 열지 않는다. 영화를 같이 본다든지 운동을 같이 한다든지 산행을 같이 하면서 동질적인 분위기 속에서 소통을 할 수 있도록 분위기를 잡아갔다. 여기에도 방법이 있다. 젊은 사람들과 소통을 하겠다면서 저녁 퇴근 이후에 식사 자리를 잡는다거나 문화 활동 시간을 갖겠다고 한다면 이것은 큰 문제다. 옛날만 해도 퇴근 후 회식 자리는 너무나 자연스러운 일이었지만 요즘 MZ세대들에게는 '극혐'하는 일 중 하나로 여겨지고 있다.

그들은 퇴근 이후의 식사 자리를 근무의 연장으로 이해한다. 쉽게 말해서 야근 수당을 받고 나가야 하는 자리다. 게다가 일방적으로 시간을 통보해서도 안 된다. 그들이 원하는 시간, 원하는 분위기를 택하고 당연히 점심시간처럼 근무 시간 내에 자리를 마련해야 하는 것은 요즘 기업 조직에서는 불문율 같은 것이다.

말로만 하지 말고 생활 속으로 들어가라

텔레비전에서 사극 드라마를 보면 옛날 고구려를 세운 주몽 같은 사람은 아마 나이가 십 대 후반이나 이십 대 초반 정도로 설정되어 있는 듯하다. 십 대 후반에서 이십 대 초반의 나이에 나라를 세울 정도로 일찍 성숙한 것이다. 하지만 요즘 우리 사회에서는 서른이나 마흔이 넘어도 철이 들지 않은 사람들이 많다.

가정의 사회적 기능이 예전에 비해 너무 약해졌기 때문에 생기는 문제이기도 하다. 가정이란 우리 사회의 가장 기초적이고 작은 집단이다. 가정은 사람이 접촉하는 최초의 사회적 환경이자, 피로 이어진 가장 친밀한 집단이기도 하다. 가정이라는 사회를 통해서 함께 살아가고 생활하는 방법을 배운다.

과거 대가족 시대만 해도 형제가 여덟, 아홉 명 있는 집이 흔했다. 형과 누나, 오빠, 언니들의 눈치를 보면서 사는 방법을 배운다. 그런 것에 비하면 요즘은 자녀가 한두 명인 가정이 대부분이다. 자녀가 셋인 집도 좀처럼 찾아보기 힘들다. 독남, 독녀로 자녀가 한 명인 가정도 매우 많다.

아이들을 적게 낳다보니 가정의 관심이 집중되고 부모는 자신들이 해왔던 고생을 시키고 싶지 않아서 귀하게 키우다보니 아이들의 독립

성도 과거에 비해서는 많이 부족해졌다. 오냐 오냐 키우다보니 또래 집단에 가면 싸우고 학교에서 선생님에게 야단을 맞으면 부모에게 이야기해서 따져 묻고 하는 문화가 일상화됐다.

이런 문제들은 회사 입사 후에도 나타나는데 회사에 입사한 후에도 부모가 차를 태워서 출근을 시키는 경우가 있고 회사에 직접 연락해서 어떤 부서에 넣어 달라, 어떤 지역에서 근무하게 해달라고 요청하기까지 한다. 가정 내에서 사회화 기능이 매우 약화되면서 나이 들어도 철이 늦게 들고 독립성도 떨어지는 사람들이 많다. 나도 1남, 1녀를 두고 있는데 특히 아들이 사춘기를 심하게 겪으면서 힘들어하는 모습을 옆에서 지켜보며 소통의 어려움을 많이 느꼈다.

많은 아빠들도 그렇겠지만 나도 정치한다고 바빠서 아이와 함께 하는 시간을 많이 갖지 못했다. 그것이 아이들에게 가장 미안한 점이다. 시간 내서 아이들과 눈높이를 맞췄으면 소통이 잘됐을 텐데 그러지 못해서 안타깝다. 어찌 보면 아이들을 키우는 기능 대부분은 학원에 의존했던 것 같다. 학원은 공부를 하라고 보내는 의미도 있지만 생활을 통제하고 관리하려고 보내는 측면도 있다. 학원에 보내놓으면 일단 부모들은 마음이 편하기 때문이다. 사교육은 "교육이 아니라 보육"이라는 말도 새삼 이해가 된다.

MZ세대들에게는 문제를 지적할 때도 잘하고 있는 장점들을 쭉 이야기해주고 잘못한 점 하나를 끼워서 얘기해주어야 한다. 그리고 업무 분장을 명확히 해줘야 한다. 요즘 젊은 직원들은 시킨 일만 한다. 시키지 않은 일까지 나서서 하지 않는다. 그렇기 때문에 업무 분장은 물론 지시를 매우 정확하고 세세하게 해주어야 한다.

관행이라는 이름의 갑질
이런 세대 간의 갈등과 격차 속에 과거에 관행처럼 여겨지던 일들이 요즘은 대부분 갑질로 변해 있다.

"오늘 옷 아주 예쁜데."
"요새 살 빠져서 몸매가 아주 날씬해졌어?"

과거에는 조직 내에서 상사들이나 동료가 여직원들을 보고 인사말 정도로 예쁘다고 해도 지나갔지만 요즘 같으면 큰일날 소리다. 이런 말은 요즘 엄밀하게 보면 성희롱에 해당된다. 옛날에는 그랬다면서 관행이라는 말로 대충 넘어갈 수 없다. 당사자들 입장에서는 그냥 예쁘다고 한 이야기일 수 있지만 젊은 직원들의 정서에는 맞지 않는 말이다.

특히 요즘 성 관련 법률이 엄청나게 까다로워졌다. 과거의 기준으로 젊은 세대를 대하다보면 문제가 될 수 있는 부분들이 많다. 성폭력의 피해자가 여성만 있는 것은 아니다. 요즘은 남성도 성폭력의 피해자가 되기도 한다. 요즘 사내에서 성폭력 사태가 발생한다고 하면 가해자는 중징계를 받거나 파면까지 될 수 있다. 옛날 같으면 그냥 넘어갈 수 있는 일이라고 생각해서는 안 된다. 지금은 그것이 불가능해졌다.

특히 피해자들은 정신적으로 스트레스를 많이 받기 때문에 그에 대한 세심한 관리가 필요하다. 그런 일들이 한 번 발생하게 되면 조직 전체에 특별 치유 프로그램을 진행해서 안정시켜야 한다.

이기주의가 아니라 개인주의

기성세대들은 요즘 젊은 사람들을 보고 자기 자신만 안다고 생각해서 이기주의라고 매도하지만 정확하게 말하면 개인주의라고 할 수 있다. MZ세대들은 개인의 이익을 추구하지만 사회적으로 법을 침해하는 행동을 하지는 않는다.

오히려 남에게 피해를 주는 일은 싫어한다. 젊은 사람들은 등산을 가도 내려올 때 자신들이 가져간 쓰레기를 다 모아서 내려온다. 그런 젊은이들의 특성을 잘 알아야 한다. 직원들과 함께 브레인스토밍을 하면서도 그런 부분을 많이 느끼게 됐다. 그런 면에서 젊은 사람들은 이해하고 인정을 해줘야 한다는 생각도 하게 됐다.

요즘 대통령의 인사를 보다 보면 과거 정부의 인사들이 대거 국무위원으로 입성하는 모습을 보게 된다. 10년도 훨씬 지난 옛날에 일했던 '올드 보이'들이 새로운 세상의 변화에 대해서 얼마나 잘 대처해 나갈 수 있을지 걱정이다.

사공이 많으면
배를 산으로도 옮길 수 있다

부정을 뒤집으면 긍정이 된다

"사공이 많으면 배가 산으로 간다."

우리 속담에 나오는 말이다. 비슷한 말로 "말 많은 집은 장맛도 쓰다"라는 말이 있다. 서로 다른 의견이 너무 많아서 결정을 내리기 힘든 상황일 때 쓰인다. 개인보다는 전체가 우선되고 개인이 다양한 의견을 내는 것을 별로 좋아하지 않았던 동양적인 문화의 바탕에서 나온 말이 아닐까 싶다.

그러나 이 말을 뒤집어보면 어떤 일을 결정할 때에는 여러 사람의 의견을 잘 수렴하여 그중에 좋은 의견을 찾는다면 복잡하고 어려운 일도 좋은 방향으로 해결할 수 있다. 많은 사람이 힘을 합치면 불가능한 일이 없다. 사공이 많으면 배가 산으로 갈 수 있지만 뒤집어서 생각해보면 물에 있는 배를 산으로 올릴 수 있는 힘을 갖는 일이다.

기원전 219년 로마와 카르타고가 붙었던 포에니 전쟁 당시, 카르타고의 장군 한니발은 바닷길로는 불과 100여 킬로미터 밖에 떨어지지 않은 로마를 공격하는 방법으로 바다 대신 산을 택했다. 육로를 통해서 엄청나게 우회를 한 끝에 코끼리 부대를 이끌고 알프스를 넘어 로마로 진격했다. 로마의 등 뒤로 기습을 하기 위한 전략이었다.

배를 타고 산을 넘다보면 생각하지 못했던 더 좋은 항로를 발견할 지도 모르는 일이다. 나는 이것을 거침없는 소통의 잠재력이라고 생각하고 싶다. 물도 없는 산 위로 배를 올린다는 것이 얼마나 힘든 일인가.

그러므로 이 속담은 부정적인 의미와 불가능의 의미보다는 배가 산으로 가는 일이 힘들지만 여럿이 힘을 합치면 배를 산으로 옮길 수 있다는 긍정적인 의미로 재해석할 수 있다. 물론 사공들의 소통이 절실히 필요하겠지만 말이다. 소통의 힘은 배를 산으로 끌어올릴만큼 크다. 조직 내에서 협업을 잘 수행해낸다면 상상도 하지 못하는 일들도 척척 해낼 수 있다.

막힌 것을 터서 잘 흐르도록 하다

공사에 와보니 조직의 소통이 막혀 있다는 생각이 들었다. 꽉 막힌 조직에 소통의 물길을 내고, 조직을 순환시킬 필요가 있었다. 소통(疏通)이라는 단어의 한자를 보면 소(疏)라는 단어는 막혀 있던 것을 튼다는 의미이고 통(通)은 연결한다는 의미다. 막힌 것을 터서 잘 흐르도록 만드는 것이 '소통'이다.

말의 흐름을 트는 것이 필요했다. 브레인스토밍 모임을 만들어 직원들이 자유롭게 의견을 피력하도록 한 것도 그런 차원이다. 많은 사람을 모아 비판 없고, 제한 없이 이야기를 하도록 하면 평소 하지 못했던 말은 물론, 고정관념을 깬 기발한 아이디어들이 툭툭 튀어 나온다.

기업처럼 계급 문화가 자리 잡고 있는 조직에서는 괜히 쓸데없는 이야기를 잘못 꺼냈다가 잘못되면 본전도 못 찾는다는 인식이 강하다. 조직 분위기가 그렇게 되면 일방적으로 그냥 지시하고 통제하는 분위기로 흘러가게 마련이다. 직원들 입장에서도 조직 내에 잘못된 일이 있어도 굳이 이야기할 필요성을 느끼지 않는다.

예를 들면 조직의 힘이라는 것은 구성원이 열 명이면 열 명이 한 마디씩 해서 전체를 모아 풍부한 하나를 만들어가는 과정인데 그게 일방통행이 돼 있던 것이다. 그런 분위기를 없애기 위해서 노력했다. 특히

MZ세대가 기업의 새로운 대세로 자리 잡고 있는 요즘, 더 많은 사공들이 자유롭게 말할 수 있는 분위기를 만들어주는 것이 필요하다.

신뢰를 나누고 양보하다

소통을 의미하는 영어 단어 커뮤니케이션Communication의 어원은 라틴어의 '나누다'를 의미하는 'communicare'이다. 현재는 사람과 사람 사이의 의사소통이라는 작은 의미로 주로 사용되고 있지만 어원을 쫓아 올라가 보면 신(神)이 자신의 덕(德)을 인간에게 나누어준다거나 열(熱)이 어떤 물체로부터 다른 물체로 전해진다는 의미로 사용됐다고 한다. 지금 생각하는 것보다 훨씬 폭넓은 의미로 사용됐음을 알 수 있다. 의사소통이라는 것이 결국 서로의 생각을 나누거나 신뢰를 바탕으로 자신이 가진 것을 나누고 양보하는 것이라고 생각하면 결코 멀기만 한 의미도 아니다.

'청렴'이란
부끄러움을 아는 것

청렴으로 조직 문화를 바꾸다

공직자에게 가장 필요하고 중요한 요인은 '청렴'이다. 청렴해야 공정해지고 공정해야 신뢰가 생긴다. 공공기관이나 공기업 근무자들도 마찬가지다. 조직 구성원이 청렴함을 갖기 위해서는 조직 문화가 바뀌어야 한다. 조직은 청렴한 문화를 갖고 있지 않은데 구성원만 청렴하도록 요구하는 것은 문제다.

청렴의 한자어는 '맑을 청(淸)'에 '청렴할 렴(廉)'으로 맑고 청렴함을 의미한다. 사전적 풀이로 보면 청렴은 개인적 성품과 행실이 맑고 탐욕이 없는 행위를 의미한다.

청렴에 대한 정의나 정부의 규정도 여러 가지가 있다. 나는 이런 개념적이고 사전적인 의미의 청렴을 쉽게 단 한 마디로 정의한다.

청렴은 부끄러움을 아는 것이다. 사람들은 나쁜 행동을 할 때 그것이 잘못된 일이라는 것을 누가 말하지 않아도 스스로 잘 안다. 거리에 침을 뱉고 화장실을 더럽게 사용하는 것, 부정한 돈을 뇌물로 받는 행동이 잘못된 일이라는 것을 모르는 사람은 없다. 그러면서도 부끄러운 줄을 모른다. 알면서도 그렇게 하고 부끄럽게 생각하지 않는 이유는 다른 사람들도 다 그렇게 하기 때문이다.

뉴욕 지하철과 깨진 유리창 법칙

한때 뉴욕은 대낮에도 권총을 든 강도들이 시내를 활보할 정도로 범죄가 자주 발생하고 치안도 불안해서 위험한 도시로 통했다. 하지만 지금 뉴욕은 완전히 달라졌다. 강력 범죄가 사라지고 깨끗하고 활기찬 도시로 변모했다. 시민들은 안심하고 생활할 수 있게 됐다.

대형 범죄를 소탕하고 도시를 활기차게 만든 것은 경찰 강력 단속반의 역할이 아니었다. 사소한 질서부터 잘 지킬 수 있도록 경범죄를 엄격하게 단속한 것이 그 원동력이 됐다. 1994년 뉴욕 시장으로 취임한 루돌프 줄리아니 시장은 지저분하기로 유명했던 뉴욕 지하철 안의 모든 낙서를 지우도록 지시했다.

지하철에서 강도가 나타나 총기사고가 날 정도였는데 한가하게 지하철 낙서나 지우고 있으니 시민들의 반응이 좋을 리가 없었다. 낙서를 지우면 또 생기고, 지우면 또 생겼다. 범죄와의 전쟁이 아니라 낙서와의 전쟁을 해야 할 판이었다. 뉴욕 경찰은 시민들로부터 "강력범죄와 싸울 자신이 없으니까 고작 낙서나 지우고 있다"는 비웃음을 들어야 했다.

이와 함께 부서지고 깨진 지하철 유리창도 고치기 시작했다. 낙서는 점차 줄어들었고 깨지고 부서진 유리창들도 고치자 지하철이 점점 번듯해지기 시작했다. 이와 함께 자연스럽게 범죄도 줄어들었다.

길을 가다가 쓰레기를 버려야 할 때 쓰레기통이 없으면 그래도 가장 지저분해보이는 곳에 쓰레기를 버리는 것이 사람의 심리다. 백화점 매장 통로 같은 깨끗한 곳에 쓰레기를 버리는 사람은 아마 없을 것이다. 뉴욕 지하철의 범죄도 결국은 지하철 벽면의 낙서와 깨진 유리창 같은 곳에서 시작됐다.

아무도 관리하지 않고 마구 낙서를 하는 공간이나 이곳에서 나쁜 짓을 저질러도 괜찮겠다는 생각을 한 것이다. 하지만 작은 경범죄에 대해서 철두철미하게 단속함으로써 어떤 범죄도 허용하지 않는다는 강력한 메시지를 전체 시민들에게 심어줄 수 있었고 이를 통해 뉴욕의

강력범죄는 크게 줄어들었다. 이렇게 아주 작고 사소한 실수가 전체의 이미지를 대변하는 상황을 '깨진 유리창'이라고 하며 사소한 부분들을 개선함으로써 전체를 바꿀 수 있는 개념으로도 통용되고 있다.

더러운 화장실이 깨끗해진 이유

요즘 젊은 사람들은 잘 느끼지 못하겠지만 십수년 전만 해도 고속도로 휴게소에 가면 화장실을 이용하는 것이 쉽지 않았다. 청소가 되지 않아 더럽고 오물이 가득해 발을 내딛기 힘든 곳도 많았고, 변기 주변에 화장지가 그득히 쌓여 있기도 했다. 하지만 요즘 고속도로 휴게소에 가보면 화장실이 호텔 화장실 못지 않게 깨끗하다. 휴게소마다 콘셉트를 달리해서 특색 있게 꾸며놓고 있다. 외국인들이 한국에 와서 가장 놀라는 것 중 하나가 공중 화장실이라고 할 정도다.

그 더럽던 화장실이 어떻게 이렇게 깨끗하게 바뀌었을까. 화장실 사용 문화가 바뀐 덕이다. 언젠가부터 고속도로 휴게소 화장실은 물론 공공기관 화장실이나 공중화장실 곳곳에 좋은 시나 좋은 문장, 그림 등을 걸어 놓기 시작했다. 좋은 글과 그림 앞에서 사람들의 마음도 부드러워진다. 그러면서 화장실을 깨끗하게 사용하자는 표어와 안내가 따라왔다. 화장실 청소하는 분들도 엄청나게 많은 공을 들였지만 사용자들도 그들의 사용 습관들을 바꾸어 나가기 시작했다.

조직의 문화를 바꾸려면 교육과 캠페인이 뒤따라야 하고 계몽도 필요하다. 청렴 문화가 조직에 자연스럽게 뿌리내리게 하려면 많은 시간이 필요하다.

화장실 변기를 바꾸는 일은 돈만 있으면 언제든, 누구든 할 수 있는 일이다. 하지만 화장실을 이용하는 문화를 바꾸는 데는 많은 시간이 필요하다. 또 화장실 사용 문화가 바뀌지 않은 상태에서 변기만 새로 바꾼다고 해서 화장실이 깨끗해질 수 없다. 화장실을 바꾸는 것은 변기가 아니라 문화인 것처럼 조직을 바꾸는 것도 바로 조직 문화의 개선이다.

사회가 청렴해지려면 그 문화부터 바뀌어야 한다. 조직의 청렴 문화를 바꾸는 데는 시간이 많이 든다. 교육과 캠페인이 뒤따라야 하고 계몽도 필요하다. 이것이 조직의 문화가 되어 자연스럽게 뿌리내리게 하려면 많은 시간이 필요하다. 하지만 이것이 다 이루어지면 청렴한 조직으로 바뀌게 되고 다시 과거로 돌아갈 수 없게 될 것이다.

청렴은
최고의 경제 정책이다

청렴은 이익이 가장 많이 남는 장사

다산 정약용이 편찬한 〈목민심서〉는 목민관, 즉 공직자들이 지켜야 할 준칙과 윤리를 담은 책이다. 이 책은 목민관이 새롭게 일을 시작하는 부임(赴任)부터 일을 그만두고 떠나는 해관(解官)까지 목민관이 지켜야 할 거의 모든 것을 다루고 있는데 이 중에도 청렴에 대한 이야기가 상당 부분 나온다.

2편 율기(律己)에 나오는 청심(淸心)은 곧 청렴한 마음을 의미한다. 청심은 목민심서 72개 조항 가운데 가장 핵심이자 비중이 큰 항목으로 이렇게 적혀 있다.

청렴이란 목민관의 본질적인 임무로서 만 가지 착함의 근원이요, 모든 덕의 뿌리이다. 청렴하지 않으면서 목민관 노릇을 잘 할 사람은 없다. 청렴한 벼슬아치를 청백리(淸白吏)라고 하는데 조선시대는 청백리 선발에 역점을 두고 공직자에게 청렴을 강조했다고 한다. 정약용 선생이 〈목민심서〉를 통해서 청렴을 그토록 강조한 것을 보면 당시도 청렴이란 목민관들에게 멀고 먼 길이 아니었을까 싶다. 특히 청렴이라는 도덕성의 가치에 대해서 말한 부분이 있는데 지금 봐도 놀랍다.

청백리에는 세 등급이 있는데 최상의 등급은 봉급 이외에는 아무 것도 받지 않는 사람이다. 봉급을 사용하고 조금 남는다 해도 집으로 가져가지 않으며 벼슬을 그만두고 집으로 돌아가는 날, 말 한 필만 이용하는 사람이다. 두 번째 등급은 봉급 이외에 명분이 바른 것은 받고 바르지 않은 것은 받지 않으며 사용하고 남은 것이 있으면 집으로 보내는 사람이다. 가장 낮은 등급은 이미 관례처럼 사용되는 것은 명분이 명분이 바르지 않더라도 받아쓰지만 그렇지 않은 것은 죄가 되지 않는 범위에서 받아쓰는 사람이다. 쉽게 말해 법을 잘 알고 법에 저촉이 되지 않는 수준까지는 허용하는 것이다.

〈목민심서, 다산에게 시대를 묻다〉 (박석무) 중에서

오늘날의 공직자들에게도 많은 깨달음을 주는 내용이다. 공직자라면 맨 손으로 왔다가 맨 손으로 돌아가는 것이 맞지 않을까. 사사로운 탐욕이 있다면 공직 대신 사업을 하거나 장사를 하는 것이 맞다.

"청렴은 세상에서 가장 이익이 많이 남는 장사이다. 욕심이 많은 사람이라면 청렴해야 한다. 청렴하지 못한 사람은 지혜가 짧기 때문이다."

특히 욕심이 많은 사람일수록 청렴해야 한다는 표현이 눈길을 끈다. 생각해보면 공직에 뜻이 있고 더 높은 꿈을 꾸는 관리라면 뇌물이나 부정을 멀리해야 한다는 것이다. 작은 이익에 흔들려 공직에서 일찍 물러나는 것보다 청렴함으로써 높은 지위까지 올라간다면 그것이 얼마나 큰 '장사'가 되겠느냐는 것이다. 과연 실용주의자 다운 발상이다.

청렴으로 촉한을 일으킨, 제갈량

삼국지에 등장하는 대표적인 악인 중 하나가 동탁이다. 후한 말의 군벌이자 정치가인 동탁은 사치와 향락으로 후한의 경제 시스템을 완전히 망가뜨렸다. 황실의 금은보화와 재정을 마음대로 주무르고 황족들의 무덤을 파헤쳐 귀한 물건들을 가져갔다고 한다.

조조와 유비 등이 쳐들어오자 동탁은 낙양을 초토화시키고 황제를 데리고 장안으로 이동했다. 그리고는 엄청난 양의 식량과 보물을 비축하고는 황제보다 더 화려하게 향락과 사치를 즐겼다. 동탁이 죽고 나서 그의 배꼽에 불을 붙이자 배에서 흘러나온 기름 때문에 시체가 며칠씩이나 불탔다는 이야기가 전해져 올 정도로 방탕하고 사치스러운 삶을 살았던 것으로 전해진다.

또 동탁은 자신이 향락을 즐기고 충성하는 간신들에게 돈을 뿌리기 위해 '오수전'이라는 화폐를 마구 찍어내게 되는데 이로 인한 심각한 인플레이션으로 인해 후한의 경제가 완전히 무너지게 되었고 결국 멸망에 이르게 되었다. 청렴하지 못한 통치자가 한 나라에 얼마나 해악을 미치는지 여실히 보여주고 있다.

삼국지 내에서 동탁과 정반대로 청렴의 대명사처럼 불리는 인물이 바로 제갈량이다. 많은 사람들이 제갈량을 적벽대전을 승리로 이끈 뛰어난 지략가로 기억하지만 실제로 유비가 죽고 난 후 아들 유선을 받들어 촉한을 이끈 재상으로서 더 큰 능력을 발휘한 행정가이기도 하다.

제갈량 스스로 청렴으로 솔선수범을 보이고 유능한 인재를 발탁하여 적재적소에 배치하여 자신의 경제 정책을 충실히 구현했으며 가혹한 세금에서 백성들을 해방시켰다. 그의 경제 정책 덕분에 촉한의 경제가 살아나고 나라도 부강해졌다.

제갈량이 죽은 후 남긴 재산이 뽕나무 800그루와 메마른 밭 열다섯 이랑이 전부였으며 집안에 남는 비단 한 필 없고 밖으로 여분의 재산이 없었다고 한다.

제갈량은 수십 년 동안 권력의 정점에 있었으나 단 한 번도 자신과 가족을 위해 사리사욕을 채운 적이 없었다. 중국 역사를 통틀어서도 제갈량 만한 재주를 가진 인물은 수없이 많았고 그보다 훨씬 뛰어난 공적을 쌓은 사람도 셀 수 없을 정도였지만 제갈량만큼 청렴한 인물은 손가락에 꼽을 정도였다고 한다. 청렴보다 더 뛰어난 경제 정책이 없음을 몸소 보여주었다.

진보 정부에서 상승하는 국제 반부패지수 CPI

개인적인 청렴의 기준과는 다르지만 공공이나 정치 부문의 청렴도를 평가하는 기준이 있다. 요즘은 국제적으로도 청렴도를 평가하는 기준이 있다. CPI$^{Corruption\ Perceptions\ Index}$라고 불리는 국가청렴도는 1995년부터 독일 베를린에 있는 국제투명성기구인 TI$^{Transparency\ International}$가 국가들의 공공 분야 부패 수준을 측정하는 대표적인 국제 반부패지수다.

국제투명성기구 TI는 12개 국제기관의 조사, 발표지수를 종합하고 180개 국가들의 국가별 점수를 산정한 후, 매년 1월에 그 결과를 발표하고 있는데 2022년 대한민국의 국가청렴도 결과를 보면 100점 만점에 63점으로 180개국 대상 국가 중에서 31위를 기록했다. 세부적으로 살펴보면 전년보다 점수는 1점, 순위는 한 단계 상승한 것으로 나타났다. 대한민국이 국가청렴도 평가를 받기 시작한 이후 역대 최고의 점

사내외에서 다양한 청렴 관련 강의를 진행했다. 청렴 문화는 지속가능한 조직으로 성장할 수 있도록 하는 최고의 경제 정책이다.

수와 순위를 기록한 것이다. 2016년 청탁금지법 시행 이후부터 최근 6년간 연속으로 상승세를 이어가고 있는 것으로 나타났다.

유럽반부패국가역량연구센터ERCAS, European Research Centre for Anticorruption and Statebuilding가 발표한 2021년 공공청렴지수IPI, Index of Public Integrity 평가에서도 우리나라는 114개국 중 18위, 아시아 국가 중 1위를 기록했다. 또 미국 기업 솔루션 제공사인 트레이스Trace의 기업경영 환경 청렴성 평가BRM, Bribery Risk Matrix에서도 194개국 중 21위로 역대 최고 순위를 기록하여 대한민국이 세계 각국

중에서 뇌물 위험 수준이 '매우 낮음'으로 평가되어 기업 경영과 관련된 청렴성도 선진국 수준으로 지속적으로 개선되고 있는 것으로 나타났다.

청렴, 윤리나 도덕 문제가 아닌 경제 문제

청렴은 단순히 윤리나 도덕의 문제가 아니라 경제 문제다. 국내외 연구 결과에 따르면 국가청렴도가 향상되면 그것이 곧 국가의 경제 성장에 긍정적인 영향을 미친다고 한다. 2017년 서울대 산업대학원연구원의 연구에 따르면 국가청렴도 10점 상승 시 국내 GDP가 약 30조 원이 추가적으로 증가하는 것으로 나타났다.

부패가 줄어들면 세금의 누수가 줄어들고 그로 인해 국가의 재정이 튼튼해진다. 국가의 재정이 확충되면 국가 전체적으로 자원 배분을 좀 더 효율적으로 할 수 있고 이것이 경제 발전은 물론 복지를 비롯해 국민들의 삶을 개선하는데 쓰일 수 있다.

청렴과 경제 발전의 관계는 상식적인 수준에서 생각해봐도 쉽게 이해할 수 있는 문제다. 기업이 연구나 기술 개발 없이 청탁이나 뇌물 등을 통해 일을 따낸다면 그것이 또 다시 뇌물 등으로 흘러들어가게 될 것이다. 기업의 기술 수준은 떨어지고 국가의 세금이 누수가 되는 악순환이 이어질 것은 불을 보듯 뻔한 일이다.

기업이나 공공기관에서도 청렴 문화가 자리 잡고 부정과 부패가 사라진다면 조직의 경쟁력은 더욱 강화되고 지속가능한 조직으로 성장할 수 있게 될 것이다. 두말할 것도 없이 청렴이야말로 최고의 경제 정책이다.

상호인식 프로그램으로
마음의 선을 연결하다

병들어가는 조직의 공통점

"원칙대로 한다고 누가 알아줘? 나만 손해지!"
"일 더 한다고 봉급 더 주나? 출세하려면 줄을 잘 서야지!"
"좋은 생각이지만, 잘난 척 하지마, 다쳐!"

병들어가는 조직의 내부로 들어가 보면 공통적으로 나타나는 현상들이다. 그런 조직들은 기회의 불평등과 과정의 불공정, 결과의 부정의(不正義) 현상이 만연하고 구성원은 인성 및 성윤리관의 피폐 현상이 심화된다. 겉으로 보면 멀쩡해 보이는 조직이라도 그 내부를 자세히 들여다보면 이미 속이 썩어 들어가고 있는 조직들도 있다. 경영진의 비리로 문제가 된 조직이 제대로 돌아갈 리가 없다. 조직 내 파벌이 생기고, 친소 관계에 따라서 인사가 좌우되는 일이 생긴다. 경영자는 자신의 입맛에 따라 인사를 전횡한다. 이런 상황 속에서 직원들은 일할 의욕을 잃게 된다.

상임감사로 부임한 후 조직문화 혁신을 위해 의욕적으로 추진했던 제도 중 하나가 바로 상호인식검사 프로그램이다. 직원들을 조금 더 자세히 살펴봄으로써 왜곡되어 있는 조직 내 인사문제와 직원들 간의 관계를 바로 잡고 싶은 마음에서 시도한 프로그램이었다.

조직 평가를 위해서는 다양한 평가 방법이 존재한다. 가장 전통적이고 보편적인 방법이 하향식 평가다. 즉, 윗사람이 아랫사람을 평가하는 방식이다. 하향식 평가는 다분히 상사의 주관과 편향에 따라 달라질 수 있기 때문에 조직원의 자질과 능력을 객관적으로 평가하기 어렵다는 지적을 많이 받아왔다.

요즘 조직 내에서는 인사의 공정성과 객관성을 확보하기 위해 다양한 평가 제도를 새롭게 도입하고 있는데 다면평가제(多面評價制)도 그 중 하나다. 다면평가제는 상사 몇 사람 또는 상사 한 사람만으로 조직원을 평가하는 하향식 평가의 문제점을 보완하기 위해 도입된 제도다. 상사가 부하를 평가하는 것은 물론, 부하직원이 상사를 평가하거나 동료 직원들이 서로를 평가하고, 필요한 경우 고객의 평가까지 동원된다. 전방위적인 평가라는 의미에서 '360도 평가'라고 불리기도 한다. 평가 주체가 다양해 인사고과에 대한 공정성과 객관성을 높일 수 있고, 평가 결과에 대한 반발도 줄일 수 있는 점이 장점으로 꼽힌다.

눈에 보이지 않는 마음까지 평가하다

상호인식 프로그램은 다면평가에 비해서 훨씬 진일보한 개념의 평가 프로그램이다. 눈에 보이지 않는 직원들 서로서로의 마음까지 평가를 통해서 알아낼 수 있다. 이 프로그램은 원래 군대의 병영문화 개선이나 학교 폭력을 찾아내기 위한 용도로 주로 활용되었으며 공기업에서 이것을 적용한 것은 아마 LX한국국토정보공사가 최초가 아닐까 싶다. 컨퍼런스에도 참가해 우리 조직의 성공사례를 발표하기도 했다.

이 프로그램은 조직 구성원 상호 간에 일어나는 역학적 상호작용과 의식적 동기화 과정에서 내가 본 나, 동료가 본 나, 상·하위자 교차로 본 나의 마음의 선을 그어 통계학적으로 정량화하는 절차적 수단이다. 이를 통해 구성원 간 상호 경계와 자정 효과가 유발되게 함으로써 인성 및 성윤리관 확립과 조직문화를 혁신할 수 있는 제도적 장치가 되고 있다.

감사 활동을 효율적으로 수행하기 위한 과학적 데이터와 LX한국국토정보공사의 조직문화를 세부적으로 진단할 수 있는 프로그램이 필

상호인식 프로그램을 운영하는 데는 노조의 협조도 큰 힘이 되었다. 사진은 대전세종충남본부에서 LX한국국토정보공사 노동조합 조합원들과 간담회를 하는 모습.

요했다. 감사 실시 전 조직에 대한 통찰과 예측을 위한 객관적 자료와 조직 구성원에 대한 인성 등을 사전에 파악할 수 있는 시스템이 필요했다. 다면평가제도를 보완한 것이다.

노조를 설득하다

좋은 프로그램이지만 도입을 위해서는 노조의 협조가 필요했다. 경영진 입장에서는 꼭 필요한 제도라고 생각하지만 노조 입장에서는 고민스러울 수 있다. 프로그램을 자칫 잘못 운영하다보면 혹시라도 직원들의 지나친 신상정보나 개인적인 부분이 과도하게 드러날 우려가 있기 때문이다.

　상호인식 프로그램은 어떤 항목을 넣어서 프로그램을 구성하느냐에 따라서 직원들의 마음의 지도를 그려볼 수 있다. 업무 능력은 어떤지, 조직 내에서 갑질은 하지 않는지, 직원들 사이의 평판은 어떤지 세밀하게 알 수 있다.

　이 프로그램을 활용하다보면 인사에 참고할 수 있는 것은 물론 조직문화 진단을 통해서 그 조직이 어떻게 돌아가는지 세밀하게 파악하고 사전에 예방할 수 있는 방법을 찾아내 미리 대응할 수도 있다. 물론 이로 인해 조직 구성원에 대한 좋지 않은 인식이나 선입관으로 인해 일종의 '낙인효과'가 생길 수도 있다. 낙인효과는 과거의 좋지 않은 경력이 현재의 평가에 미치는 부정적인 영향을 말한다. 이 때문에 철저한 보완유지가 필수다.

'브레인스토밍'으로
직원들의 마음을 들여다보다

마음을 열게 하는 방법

　직원들과 소통하기 위해서 즐겨 사용했던 방법 중 하나가 브레인스토밍brainstorming이다. 브레인스토밍은 창의적인 아이디어를 생산하기 위한 학습 도구이자 회의 기법이다. 흔히 조직에서 새로운 아이디어를 발굴하기 위한 회의를 할 때 주로 사용하는 집단적 창의적 발상법으로도 유명하다.

　구성원들이 자발적으로 자연스럽게 아이디어를 제시하면서 문제에 대한 해답을 찾기 위해 노력하는 방법이다. 나는 이 방법을 구성원들이 자유로운 주제로 이야기를 나누는 시간으로 활용했다. 모이는 사람들은 상황에 따라 그때 그때 달랐다. 같은 업무 분야에서 일하는 직원들끼리 모일 때도 있었고, 새로 입사한 신입사원들끼리 자리를 마련하기도 했다. 또 인사 이동을 통해서 본사로 발령받은 직원들을 따로 모으기도 했다. 그밖에 부서에서 유능한 직원, 좋은 아이디어를 갖고 있을 것같은 직원들을 모아서 이야기를 들어보기도 했다.

모임 주기는 한두 달에 한 번 정도였으며 정기적인 시간을 따로 마련하지는 않았다. 감사실에서 대상자를 미리 선정해서 시간이 되는 사람들과 연락을 취해서 편한 시간을 잡도록 했다. 한번 모일 때 인원은 보통 7~8명 정도가 가장 많았으며 적을 때는 5~6명이나 3~4명이 모이기도 했다. 모이는 공간도 정해진 것은 없었다. 회사 회의실에서 모일 때도 있었지만 커피숍에서 모이기도 했고, 야외에서 특별한 만남을 갖기도 했다. 참가자들이 편안함을 느낄 수 있는 공간이면 어디든 상관없었다.

딱딱한 분위기가 되지 않도록 젊은 직원들에게는 가끔씩 꽃을 선물해주기도 했고 책이나 로또복권을 사서 주기도 했다. 작은 선물 하나로도 분위기가 금방 편해지고 자연스러워졌다. 모이면 밥도 먹고 커피도 한잔하고 가끔씩 영화를 보거나 문화 활동을 하기도 했다. 딱딱한 회의실에 모아 놓고 자유롭게 의견을 개진하라고 윽박지른다고 해서 입이 떨어질 리 없다. 자연스러운 분위기를 마련하면 누가 시키지 않아도 자연스럽게 이야기들이 쏟아져 나왔다.

LX한국국토정보공사 사내 방송에 출연했을 때의 모습. 희망곡도 한 곡 신청했는데 그때 신청했던 곡이 'Pledging My Love(사랑의 서약)'이라는 곡이었다.

조직의 속살 같은 이야기를 듣다

브레인스토밍은 하나의 소통 방법이다. 직원들이 평소 어떤 생각을 갖고 있고 어떤 요구사항이 있는지 그들이 원하는 개선사항들도 다양하게 들을 수 있었다. 그렇게 나온 아이디어 중에서는 현장에서 즉각 적용할 수 있는 것도 있었고 제도를 바꿔서 해야 하는 것도 있었다. 브레인스토밍을 하면서도 잘 알지 못했던 조직의 속살 같은 이야기들을 많이 들을 수 있었고 조직을 더 세밀하게 이해하는 데 큰 힘이 됐다. 구성원들 입장에서는 자신들이 어려움을 겪고, 불편함을 겪는 일들을 자연스럽게 털어놓고 개선하도록 요구할 수 있는 창구가 됐을 것이다.

본사는 물론 각 지방을 다니면서 지사별로 현지 지도도 많이 했다. LX한국국토정보공사의 경우 전국에 13개 본부, 167개 지사를 갖고 있다. 지사가 많은 조직은 중앙에서 아무리 조직 혁신을 한다고 해도 그것이 말단 지사까지 잘 내려가지 않는다. 수시로 지사를 찾아 간부들하고 식사도 하고 격려도 하고 전체 직원들을 대상으로 강의도 했다. 틈만 나면 각 지사를 돌며 부서장부터 중간 직원, 말단 직원들까지 만나서 늘 식사 자리를 마련하고 그들의 이야기를 들었다.

상임감사라고 해서 감사실 방에만 앉아 있는 것이 아니라 늘 직원들 속에 있으려고 했다. 부서에도 많이 내려가서 직원들하고 자주 스킨십을 하고 식사를 하거나 브레인스토밍이라는 이름으로 의견을 들었다. 그렇게 접촉을 늘리다보니 어렵고 힘든 일, 개인적인 고민 상담 같은 것을 메신저를 통해서 개별적으로 하는 직원들도 있었다. 조직을 나왔지만 그때의 인연으로 지금까지 연락처를 갖고 편하게 연락을 주고받는 직원들이 많다.

가까이 밀착해서 내밀한 속마음까지 들여다봐야 적재적소에 직원들이 자리를 잘 배치되어 있는지 알 수 있다. 조직의 불행 가운데 하나는 적재적소의 원칙, 즉 몸에 맞지 않는 옷처럼 잘못된 부서에 배치되어서 생기는 일들도 많다. 그런 것을 미연에 방지할 수 있는 것도 감사의 몫이라고 생각한다. 겉만 보고 평가해서 놓치는 일이 너무 많다.

Chapter 3
행정 혁신

선한 마음으로
행정하다

말보다 실행이 먼저다

사고 현장에서 기념사진 찍고 가는 정치인들

"텐트가 부족한 것은 사실 시에서는 당장 구하기가 어려울 텐데, 도에서는 남는 지역 많잖아요. 다른 군 지역에 남는 데 많은데 빨리 좀 지원 해주세요."

"네 최대한 지원하겠습니다."

"지금 빨리 전화하세요."

2023년 7월 발생했던 익산시 수해 피해자들을 이재명 대표가 직접 만나는 장면이 TV를 통해서 보도된 적이 있다. 특히 현장에 나가서 이재민들과 직접 대화를 하며 대응책을 지시하는 장면이 무척 인상적이었다.

정치인들이 보통 사건이나 사고의 현장에 가면 악수하고 기념사진 찍고, 형식적으로 물어보고 "앞으로 최대한 지원하겠다"는 식의 두루뭉술한 답변을 남기고 떠나는 경우를 많이 보았다.

심지어 얼마 전에는 한시가 급한데 견인차를 막고 인터뷰를 한다면서 도로를 막은 장관의 부끄러운 모습이 TV뉴스에 등장하기도 했다. 사고만 나면 산책하듯이 언론사 기자들과 사진가를 대동해서 사진만 찍고 떠나는 정치인과 고위 공무원들, 보다 정확하게 말한다면 이런 정치인들은 피해자에 대한 관심은 별로 없고 개인 홍보에 마음이 더 큰 사람들이 아닐까하는 생각이 든다.

현장에서 즉각 문제 해결

이재명 대표는 주민들의 이야기를 듣고 그들이 필요하다는 텐트를 즉각 수배해서 가지고 올 수 있도록 조치를 취했다. 그리고 담당 공무원에게 바로 전화를 걸어 알아보라고 지시를 한다. 잠시 후 담당 공무원은 2시까지 텐트가 도착할 수 있을 것 같다면서 조치 결과를 보고하고 주민들을 안심시켰다.

나는 그런 모습을 보면서 이재명 대표가 성남시장과 경기도지사 등 지자체장을 상당히 오래 해온 경험이 있기 때문에 가능한 일이라는 생각이 들었다.

익산에서 열린 지역 축제에 참가해서 시민들의 생생한 이야기를 많이 들을 수 있었다. 시민들이 필요로 하는 것을 찾고 그것을 해결해주는 것, 그것이 곧 정치라는 생각을 했다.

    그의 오랜 행정 경험이 주민들, 국민들이 필요로 하는 일이 어떤 것인지 알고 즉각 해결할 수 있는 생각과 능력을 갖고 있음을 보여주는 장면이 아니었을까 싶다.

'선심'이라는 말을
부끄럽게 하는 '행정'

선심 행정에 대한 논란을 생각하다

선거철이 다가오면 각 지방자치단체장의 '선심 행정'에 대한 논란이 뜨거워진다. 갑자기 지역 노인들을 모아 여행을 보내준다거나 대규모 사업비로 인해 오랜 시간 동안 해결되지 않고 있던 지역의 숙원 사업이 갑자기 추진되는 등 각종 선심 행정 사례들이 여기저기서 봇물처럼 터져 나온다.

그밖에도 평소 단체장의 판공비가 불투명하게 집행되거나, 의미 없는 포상제가 생기거나 외부 용역 사업이 남발되는 일 등도 지방자치단체의 대표적인 선심 행정 사례라고 할 수 있다. 또 봄, 가을이면 불필요한 축제나 체육대회 등 각종 전시성 행사는 또 얼마나 많은가. 꼭 필요한 행사도 있겠지만 그렇지 못한 행사들이 많다. 이들도 모두 선심 행정의 대표적인 사례들이다.

지방자치제가 실시되기 이전까지만 해도 '선심'이란 행정을 하는 사람이 가져야 할 지극히 당연한 자세였을 것이다. 옛날 원님들은 선심을 가지고 지방의 백성들을 돌봤고 지자체 실시 이전의 임명직 군수나 구청장 등 지역 행정가들 역시 선한 마음을 갖고 지역 주민들을 위해서 봉사했을 것이다. 하지만 지방자치제 실시 이후 선거를 통해 단체장을 뽑기 시작한 이후 '선심'이라는 단어는 마치 해서는 안 될 나쁜 일처럼 여겨지게 되었다.

선거 때가 되면 언론부터 이에 앞장서는 느낌이다. 선심 행정은 그 의미와 범위가 매우 포괄적이어서 매도당하기 쉽고, 특히 선거 때에는 상대방 후보의 주요 공격대상이 되기도 한다.

지자체에서 흔하게 이루어지는 '선심 행정'이란 합리적 기준이나 민주적 절차를 무시한 채 결재권자에 의해 임의적으로 결정하여 집행되는 것을 말한다. '선심'이라는 고운 말에게 오히려 사람들이 부끄러움을 느껴야 할 것 같다.

선심(善心)이라는 단어를 국어사전에서 찾아보면 ①선량한 마음, ②

남에게 베푸는 후한 마음, ③자기 스스로와 남에게 부끄러움, 탐욕, 성냄, 어리석음이 없는 마음 등으로 표시된다. 국어사전 전체를 통틀어 이렇게 좋은 의미를 가진 단어가 또 얼마나 더 있을까 싶을 정도로 좋은 뜻을 가진 단어다. 선심을 쓰다, 선심을 입다, 같은 표현도 모두 좋은 말들이다.

하지만 불행하게도 '선심'이라는 단어가 '행정'이라는 단어만 만나면 돌변하고 만다. 본래 가진 뜻을 상실하고 정반대라고 할 수 있을 정도로 나쁜 뜻으로 바뀐다. 개인적인 차원에서 좋고 나쁜 가치 기준들이 공공의 영역에서는 완전히 다르게 해석될 수도 있음을 보여주고 있다.

지자체장들이 선심 행정을 펴는 이유는 무엇일까? 결국 따져보면 개인적인 인기와 표를 얻기 위한 것이다. 지자체장이 하는 일은 어찌 보면 거의 선심 행정에 속한다. 무허가 건물을 철거하거나 위생업소 단속을 하는 것처럼 특정인에게 불이익을 주는 것 이외에는 하루하루의 일과가 선심 행정 속에 이루어진다.

어려운 사람을 도와주는 일, 장학금을 주는 일, 여가 교실을 운영하는 일, 노인정을 방문하거나 독거노인 가정을 방문해 위로하는 일, 미술전을 개최하거나 체육대회를 하는 일, 거의 모두가 선심 행정이 아니고 무엇이란 말인가. 그렇다 보니 선거 기간이 되면 평소 해오던 이런 일들을 괜히 미루게 되고 안 하게 되는 경우가 많다. 자칫하면 선거법을 위반할까봐 미리 방지하기 위한 차원이다. 그러다보니 일을 잘하면 잘 할수록 선거법을 위반하는 것이 되고, 가만히 앉아 있으면 그것이 잘 하는 행정이 되고 만다.

선의와 선심 행정 사이

선의 중에는 어느 곳에 특별한 혜택을 주는 경우가 있다. 그런 경우 정말 선의로 시작된 것인지, 꼭 필요해서 그렇게 한 건지, 아니면 특정 업체에게 혜택을 주려고 하는 건지 확인해볼 필요가 있다. 어떤 직원이 그 일을 적극적으로 추진했다면 그 일이 꼭 필요한 것이었는지, 아니었는지도 생각을 해봐야 한다.

송파구청에 있을 당시 맹인 노인들을 위한 보호시설이 있었다. 이곳의 경우 지원을 하려고 해도 시설 규모가 지원 대상에 포함되지 않아 구청에서도 많은 고민을 했는데 그걸 무릅쓰고 송파구에서는 구청장의 지시로 지원을 허락했다. 그 시설을 운영하는 원장의 마인드도 훌륭하고 관리도 매우 성심성의껏 잘 이루어지고 있는데 단지 시설 규모가 기준에 미달된다고 해서 지원을 하지 않는 것은 잘못됐다고 생각했다. 김성순 구청장은 감사원으로부터 지적을 받게 될 것을 알면서도 과감하게 지원을 결정했고 실제로 그로 인해 나중에 감사원에서 지적을 받았다. 하지만 감사를 하러 나온 감사원 직원들을 보고 직접 현장

선심 행정이 문제가 된다면 국민권익위원회의 적극행정면책제도를 활용하는 것도 좋다. 사진은 전현희 전 국민권익위원회 위원장과 함께한 필자의 모습.

에 가보도록 했더니 그들도 그렇게 할 수밖에 없는 상황임을 이해해주었다.

적극 행정 면책 제도 활용

선심 행정이 문제가 된다면 국민권익위원회가 운영하는 적극행정면책제도를 활용하는 것도 좋은 방법이 될 수 있다. 이 제도는 자체 감사를 받는 자가 고의 또는 중과실 없이 적극적으로 업무를 처리한 결과에 대하여 국민권익위원회 감사규정에 따른 불이익한 처분 요구를 하지 않는 등 그 책임을 면제하는 것을 말한다.

적극적으로 일하는 과정에서 발생한 잘못의 책임을 면제함으로써 적극 행정 공직자를 보호하는 효과와 다른 공직자들의 적극적인 업무 수행을 유도하기 위한 것이다.

또한 불합리한 제도 개선의 기회 확대, 행정 운영의 효율성 제고, 예산 절감 및 행정서비스 수준 제고, 국민 편익의 증진 및 불편 해소 등의 효과를 도출할 수 있다. 즉, 성실하고 적극적으로 일하는 공직자 등에 대한 불이익을 보호하려는 취지를 갖고 있다. 면책 기준은 감사를 받는 사람의 지적 대상 행위가 공익성과 적극성을 갖추어야 하며, 그 행위에 있어서 고의나 중대한 과실이 없어야 한다.

법이 할 수 없는 일을 정치가 해야 한다. 일을 추진하는 과정에서 두려운 것이 있다면 면책 특권을 적극 활용하는 것도 좋다. 의도도 좋았고 과정도 괜찮았는데 결과가 잘못 나왔다고 책임을 물을 수는 없다. 적극적 면책 제도는 그 과정을 파악해서 선의로 한 일들을 구제하기 위한 일이다.

행정장 지수로
조직을 장악하다

부서 이기주의에 막히다

지자체장이 갖고 있는 역할을 보면 크게 세 가지 정도가 있다. 조직을 현재 정원 범위에서 조정할 수 있는 조직 구성권과 인사권, 재정권 등이다. 단체장이 어떤 목적을 달성하기 위해서는 조직을 구성해야 하는데 현재의 범위 내에서 일을 추진하려고 하면 벽에 부딪히는 경우가 많다. 여러 이유가 있지만 가장 큰 것 중 하나가 부서 이기주의를 꼽을 수 있다.

조직은 몇 가지 특징이 있다. 다른 조직에 대한 배타성이 있고, 자기 식구는 무조건 보호하려는 보호 본능이 있다. 또 조직은 스스로 늘려나가려고 한다. 올해보다 내년에 더 예산을 많이 받아서 확장하려고 하는 특성이 있다. 그런 조직을 단체장이 하고 싶은 데로 하려다보면 저항이 클 수밖에 없다.

송파구청에서도 구청장이 특정 사업을 위해서 각 부서에 인력을 요청하면 반대를 하는 부서들이 많았다. 그렇게 되면 부서장들을 모아놓고 아무리 회의를 해도 답이 나오지 않는다. 모든 부서가 힘들과 바쁘고 사람이 없다는데 인력을 빼서 다른 일을 하기란 무척 힘들다. 이를 위해서 특단의 조치로서 당시 송파구청에서 추진했던 것이 바로 행정장 지수다. 지자체에서는 최초의 시도였다.

모든 행정 업무를 지표화하다

행정장 지수라는 것은 행정 업무의 모든 것을 지표화하는 작업이다. 각 부서에서 생산한 문건, 각 부서가 회의한 내용, 출장 내용 등 업무에 관련해서 수치화 할 수 있는 자료들을 모두 다 제출하라고 한 다음 그것을 통계로 분석한 것이다.

막연했던 업무를 표와 그래프로 그려보니 한눈에 보였다. 어느 부서에서 일을 많이 하고 어느 부서에서 일을 적게 하는지 적나라하게 나타났다. 현장 업무가 많은 청소과 같은 경우는 다른 가중치를 두어서 객관화시켰다.

행정장 지수가 만들어지고 나니 말로만 바쁘다, 일이 많다는 것이 통용되지 않았으며 구청의 모든 업무가 데이터로 지표화되었기 때문에 모든 것은 이 지표를 근거로 판단하고 결정하게 되었다.

부서 인원을 조정할 때도 근거 자료로 삼았으며 구청장 입장에서는 이 지표를 통해 부서를 장악해 일을 추진하는데 큰 동력을 얻었던 것으로 기억하고 있다. 송파구에서는 직원들의 업무뿐만 아니라 구정의 모든 세세한 부분까지 지표화하려는 노력을 지속적으로 추진해 대외적으로도 호평을 받았다.

지역에는 지역에 맞는 사회지표 조사가 필요하다

전쟁통보다 힘든 아이 낳아 기르기

우리나라의 출산율은 이미 전 세계적인 연구 대상으로 떠오른 지 오래다. 출산율 낮은 것으로 1위를 기록하고 있다. 2위와도 비교할 수 없는 압도적인 1위다. 경제협력개발기구^{OECD} 회원국 가운데 합계출산율이 1명 아래인 국가는 우리나라가 유일하다.

통계청이 발표한 '2023년 6월 인구동향'에 따르면 2023년 2분기 합계출산율은 0.7명으로, 전년보다 0.05명 준 것으로 나타났다. 사망자가 출생아를 웃돌면서 인구는 44개월째 감소했다. 우리나라의 출산율이 전쟁 중인 우크라이나의 1.3명보다도 낮은 수준이라는 것도 놀랍다.

생각해보면 우리 사회에서 아이를 낳아 키운다는 것이 포탄이 날아다니는 전쟁통에서 아이를 낳아 키우는 것보다 더 힘들다는 이야기로 들릴 수도 있다.

인구 문제를 지역으로 가지고 내려가면 더욱 심각해진다. 지방 소도시로 내려갈수록 더 그렇다. 전라북도의 경우 인구가 가장 많은 전주시의 경우 64만 명이나 되지만 장수나 무주, 진안, 임실, 순창군의 경우 간신히 2만 명 대를 유지하고 있는 수준이다.

경상북도 영양군의 경우 1만 5000명 수준으로 전국 지자체 중에서 인구수가 가장 적다. 하지만 여기서 안심하기는 이르다. 지역의 인구는 우리나라 전체 인구수보다 빠른 속도로 줄고 있다. 이런 추세가 계속된다면 이제 인구수 1만 명 대의 지자체들도 많이 생겨날 것 같다. 이제 본격적인 지열 소멸이 시작될 수 있다.

대한민국 구조가 바뀐다

저출산으로 인한 인구 변화는 단순히 인구수가 줄어드는 것을 넘어 인구의 구성을 바꾸어 놓고 있다. 인구 구성비가 바뀌게 되면 사회 구조와 환경도 크게 바뀔 수밖에 없다. 어린아이가 많던 사회에서 고령층 노인의 인구가 많은 사회로 바뀌면 일선에서 직접 행정을 담당하는 지자체 입장에서도 업무가 크게 달라지게 된다.

이런 인구 변화에 맞는 행정을 하기 위해서는 지자체별 인구와 사회 특성을 정확하게 파악하는 것이 필요하다. 보통 지자체에서 예산을 편성할 때 지난해와 비교해서 조금 늘리거나 조금 줄이는 식으로 하는 경우들도 많은데 이제 그런 방식을 버릴 때가 됐다. 완전히 제로베이스에서 다시 시작해야 한다. 그렇게 하기 위해서는 각 지자체에 맞는 사회지표조사가 필요하다. 정부에서 발표하는 통계청 자료가 있지만 그것만으로는 지역의 특성을 충분히 반영하기 어렵다.

사회지표에 대한 관심은 1960년대 미국에서 나타나기 시작해 지금은 거의 세계 모든 나라가 채택하고 있다. 우리나라에서는 바로 송파구가 지자체 중 처음으로 지역사회지표를 개발했다. 사회지표는 국민들의 건강, 영양, 교육, 문화 등과 같은 사회 복지와 생활의 질에 대한 척도로써 기존의 경제지표만으로는 한 체제의 전반적인 사회 복지 변화를 포괄적이고 체계적으로 파악하기 어렵다는 점이 인식되면서 시도된 사회 정책적 도구이다

당시 송파구청에서 사회지표조사를 실시할 때만 해도 처음 시도하는 일이라 필요한 자료의 부족과 기초단체 자체의 행정 역량의 한계로 많은 어려움을 겪었다. 특히 우리 국민들 삶의 수준을 비교할 수 있는 뚜렷한 대상이 없다는 한계가 있어 이를 보완하기 위해 이 분야에서 이미 다양한 조사와 체계를 세워 시행하고 있는 미국의 잭슨빌시를 비

롯한 선진 도시에 직원들을 파견하여 구체적인 내용과 방법을 배워오기도 했다.

지역의 특성에 맞는 새로운 지표 개발의 필요성

정부 차원에서 전 국민에 대하여 욕구 조사를 하고 새로운 사회지표를 만드는 것도 중요하지만 이를 각 지방자치단체에서 그대로 적용하는 데는 무리가 따른다. 즉, 각 지역은 지역대로 특성을 살려 개발하고 지역 주민의 생활을 향상시키기 위한 지역 복지자원을 동원하려는 노력과 방법이 있어야 한다.

지역이 갖고 있는 잠재력을 발견하고 지역 주민의 욕구를 충족시키기 위해 지역사회지표를 개발하여 단계적으로 보완, 발전시켜 나가는 것은 매우 중요한 전략이다. 정치, 행정 지도자들도 이와 같은 안목을 가져야 할 것이다. 예컨대 국회의원이든 단체장이든 후보자들이 공약을 할 때 선진국을 만들겠다, 통일하겠다, 국민들의 삶의 질을 높이겠다, 세계화하겠다, 지역을 발전시키겠다, 신명나게 하겠다, 교통난을 해소하겠다, 복지사회를 이룩하겠다, 살맛나는 고장으로 만들겠다 등 추상적인 얘기를 많이 하는데 이제 그런 방법으로는 신뢰를 얻을 수 없는 세상이 되었다.

우리는 어떤 시책을 세울 때 흔히 다른 기관의 것을 그대로 채택하거나 모방하기도 하고 일부를 수정하여 응용하기도 한다. 또 스스로 개발한다고 해도 분명한 목표, 의미, 기대, 효과 분석 등이 충분히 뒤따르지 못하는 경우도 있다.

지역 특수성과 여건에 알맞은 효율적인 발전 계획을 추진하기 위해 지역 주민의 행정 수요를 종합적으로 수집, 분석하여 지역사회지표를 개발하는 것은 기초자치단체로서는 처음 있는 일이며 어려움도 많았다. 그러나 송파구에서는 이러한 개발 없이는 계획적인 행정 시책을 추진하는 것이 어렵다고 판단하여 각계 전문가들의 자문을 구하고 구체화하기로 했다.

송파구의 지역사회지표는 송파구민의 현재 생활에 대한 만족도와 장래의 바람에 대한 욕구를 총체적으로 분석한 자치행정 수준을 한 단계 높이기 위한 목표관리 지향적 비교표이다. 이는 지역 주민의 삶의 질을 측정하고 지역사회의 자원과 여건을 분석하여 지수 관리에 의해 미래의 생활 수준을 높여 나가자는 과학적 관리 틀이 된다.

지역사회지표의 개발을 위해서 우선 기존의 통계 자료를 수집, 검토한 다음, 활용 가능한 자료를 재구성하여 지표 작성에 이용했다. 기존 자료로 활용이 불가능한 영역에 대해서는 송파구를 6개 중생활권으로 나누어 직접 사회조사 방법인 면접 조사를 실시했으며 지표 개발은 서

지역사회지표는 주민들의 생활 만족도와 욕구를 분석한 목표 관리 지향적 비교표다. 사진은 익산시 북부시장의 모습.

울시 시정개발연구원에서 맡았고, 조사는 서울대학교에서 실시했다. 이들 항목은 현실적으로 주민 생활을 향상시키는 데 필요한 내용을 주로 선정했지만, 경우에 따라서 현재로써는 활용하기 어렵거나 그 가치가 상대적으로 적다고 생각되어도 장래에 의미가 있다고 판단되는 항목은 함께 다루었다. 이와 같은 조사 결과는 지역복지를 위한 행정시책의 방향을 분명하게 제시해주었다.

송파구의 사회구조적 특성과 우리 국민의 삶의 질을 파악함으로써 정책 수립을 할 때 종합적인 정보를 제공할 수 있었다. 국민들의 현지 생활수준과 행정 수요를 양적, 질적 측면에서 분석함으로써 국민 욕구를 행정 수요화하여 보다 효과적으로 대응할 수 있게 했다는 점도 높은 평가를 받았다.

송파 지역사회지표는 사회 상태의 종합적인 측정 및 사회 정책 개발의 준거 및 사회적 변화의 관리 유도에 활용됐으며 나아가 대외적으로 송파 지역의 주민생활에 대한 정기적인 사회 보고로 자리매김해 나갈 것으로 기대를 모았다.

구호 아닌 수치로 보여준
'먼지 없는 송파'

말로만 끝나지 않은 캠페인
'먼지 없는 송파'

당시 송파구가 내세웠던 캠페인의 구호다. 말을 하기는 쉽다. 깨끗한 서울, 활기 있는 서울, 먼지 없는 서울. 누구나 말할 수 있고 내걸 수 있는 구호다. 하지만 대부분은 화려한 수식어로 끝나거나 일시적인 캠페인으로 끝나는 경우가 많았다.

깨끗해지면 얼마나 깨끗해지는지, 먼지가 없어진다면 얼마나 없어졌는지 측정하지도 않고 말로만 하니 그 결과가 어땠는지 알 수 없는 노릇이다. 이런 종류의 사업은 자칫하면 일시적인 캠페인으로 끝나기 쉽다. 하지만 당시 송파구는 구체적인 계획을 세워 '먼지 없는 송파' 캠페인을 꾸준히 추진하여 1년이고 2년이고 일정 기간 지나면 송파의 공기가 획기적으로 달라질 수 있도록 했다.

먼지가 없다고 해놓고 먼지가 날리면 그건 일종의 사기 행위다. 주민에게 거짓말을 하는 것이 되고, 구호를 바라보는 주민들은 구청을 헛소리하는 기관으로 인식할 것이다.

1995년 당시까지만 해도 송파구는 서울에서 공기가 그리 좋은 편이 아니었고 먼지도 많은 지역이었다. 새로운 개발지였고, 공지가 많고 공사장이 많은 편이어서 더욱 그랬다. 공기 오염은 먼지가 주범이다. 먼지 중 65퍼센트는 도로 먼지이고, 18퍼센트는 공사장의 먼지다. 따라서 도로 관리와 공사장 관리만 잘하면 먼지의 83퍼센트는 줄일 수 있다는 얘기다. 그러니 도로 청소와 물 뿌리기, 공지에 꽃 심기와 먼지가 많이 나는 시멘트 포장 대신 아스팔트 포장으로 바꾸고, 공사장마다 먼지 줄이는 대책을 철저히 세워 시행토록 했다.

건축 공사장에서 먼지가 많이 나면 공사 중단 명령까지 내리는 가혹한 조치를 하기도 했다. 건물 짓는 것도 중요하지만 주민들이 맑은 공기 마실 권리를 보장해 주는 것 또한 소중하기 때문이다. 1년 후 먼지 오염도를 측정해 보니 1995년에 세제곱미터(m^3)당 109마이크로그램

(㎍)에서 무려 80마이크로그램(㎍) 이내로 들어오게 되는 큰 변화가 일어났다. 그 결과 당시 송파구는 세제곱미터(㎥)당 55마이크로그램(㎍)이내를 유지하면서 WHO 권고치 이하로 서울에서 가장 먼지 없는 구가 되었다. 계속해서 먼지 없는 송파의 구호가 거짓이 되지 않도록 노력했다.

물 뿌리며 청소하는 차량 개발

당시 지하철 5호선, 8호선 공사로 공사장 주변은 물론이고 대형 트럭들이 드나드는 인근 일대는 하루 종일 먼지에 시달려야 했다. 시민 교통의 가장 중요한 수단인 지하철은 무엇보다도 시급한 공사였고 그래서 이 계획은 잠정적으로 보류할 수밖에 없었다. 지하철 공사가 마무리되어감에 따라 본격적으로 먼지 감소 시책을 펴기로 했다.

우선 각종 공사장에서 나오는 비산먼지를 방지하기 위하여 공사장마다 비닐 덮기, 물뿌리기, 청소 등을 철저히 하도록 하고 각 실관은 기능별, 분야별로, 그리고 각 동은 지역별로 중점 세부 추진 계획을 수립 시행하도록 했다. 미세먼지 특별관리지역을 지정하여 중점 지도 관리하고 사업자가 지켜야 할 사항 등에 대해 교육을 실시했다.

주택가, 주차장, 가로, 이면도로, 재활용품 수집업소, 상품 하치장, 건축자재, 적치소 등 먼지를 일으키는 장소 및 사업장에 대하여 일제

조사하고 사업자 준수사항을 지키도록 하였으며 1일 점검 체제를 확립했다. 한편 가로청소를 철저히 하고 진공, 흡입, 청소, 차량 및 살수차량을 하루 종일 가동시키고 공원녹지 내의 공지에는 꽃이나 나무로 꽉 차게 하였으며 직능단체 등 민간의 참여로 대대적인 꽃 심기 운동을 전개했다. 요즘 도시 청소할 때 흔히 볼 수 있는 물 뿌리면서 청소하는 차량을 당시 송파구청에서 직접 개발했다. 그 모델이 현재 전국에 확산된 것이다.

캠페인 한 달 만에 먼지 줄어들기 시작

캠페인 시작 한 달 만에 분위기가 크게 달라졌다. 건축 공사장마다 먼지 없는 송파 현수막이 나붙고 공사장에 미세먼지 방지용 비닐 덮기가 철저히 이행되어 맑은 공기를 실감할 수 있게 되었다.

총 12개 분야, 31개 사업으로 분류하여 조직적으로 추진한 이 사업은 어려움도 많이 따랐지마 확실하게 그 효과가 나타났다. 예를 들어 방이동의 경우 이 캠페인을 시작하기 전 먼지오염도가 세제곱미터(㎥)당 125마이크로그램(㎍)으로 매우 높은 먼지 오염도를 보였으나 먼지 없는 송파 추진 한 달 만에 104마이크로그램(㎍)으로 21마이크로그램(㎍)이나 감소한 것으로 나타났다.

단기간에 끝낼 수 있는 사업이 아니었기 때문에 먼지 오염도를 정기적으로 측정하여 현저하게 그 효과가 나타날 때까지 지속적으로 추진 했다. 구청 주도의 일방적인 추진이 아니라 생활환경을 쾌적하게 가꾸고 유지하고자 하는 시민의 노력이 함께 하며 그 효과를 더욱 확대할 수 있었다.

송파구청의 '먼지 없는 송파' 캠페인은 당시 환경대상을 포함해서 각종 기관으로부터 우수 행정의 사례로 많은 상을 수상하기도 했던 사례다.

밥보다
삶의 질을 고민할 때다

복지는 돈만으로 해결되는 것이 아니다

행정은 가난하고 어려운 이들만을 위한 것은 아니다. 복지라는 것이 돈을 많이 나눠준다고 해서 되는 것도 아니다. 오늘의 복지 문제는 빈곤과 동시에 문화의 문제를 해결해 줘야 한다. 그래야 사람이나 사회가 건강해진다.

당시 송파구청에서는 빈 공간이 있으면 재정을 확충하기 위한 용도로 사용하기 보다는 공원을 하나라도 더 마련해 주민들이 쉴 수 있는 공간을 만들었고 미래를 대비한 문화 복지 시설을 마련하는데 집중했다. 문화 수준을 높이고 각종 여가 시설을 확충하고 각 세대나 수요에 맞는 여가 프로그램들을 다양화함으로써 주민 한 사람 한 사람이 만족

할 수 있도록 했다.

옛 음악인들 모아 실버악단 구성

　노인 복지의 경우만 해도 그렇다. 구청에서 노인들을 위해서 하는 일이라고 하면 무료로 무엇인가를 나눠주는 것처럼 돈으로 해결하는 것만 생각하던 시절이 있었다. 하지만 돈만으로 복지가 이루어질 수는 없다. 당시 송파구청에서 노인들을 위해 추진했던 일 중 지금까지 기억에 남는 일은 노인들 대상으로 실버 악단을 구성했던 일이다.

　젊었을 때 악기를 다루며 음악과 함께 지내다가 60세가 넘어 은퇴한 사람들이 제법 있다는 이야기를 듣고 이들을 모으기 시작했다. 지원한 사람들의 면면을 보니 화려했다. 방송국 소속 악단장도 있었고 밤무대 악사로 일했던 분도 있었다. 이들 중 능력 있는 분 12명을 선발하여 송파구 실버악단을 만들었다.

　음악을 했던 분들이라서 그런지 악단을 만들고 보니 모두가 알 만한 사이들이었다. 젊었을 때는 이름만 들어왔지, 기회가 닿지 않아 함께 음악을 하지 못했는데 나이가 들어서 함께 음악을 할 수 있게 되다보니 무척 만족스러워하는 모습이었다.

　이들은 형제처럼 뭉쳐 구청 내에 마련된 연습실에서 왕년의 실력을 다시 살려 열심히 연습했다. 이들의 환한 얼굴에서 행복한 노인상, 그리고 노인 복지에 대해서 다시 생각해볼 수 있었다.

이들 중 일부는 음악을 계속하고 싶었지만 나이가 들어서 할 수 없는 분들도 있었다. 구청의 제안으로 새로운 기회를 얻게 된 것에 대해서 무척 행복해하는 모습들이었다. 세상에 자기가 하고 싶은 일을 계속하는 것처럼 좋은 일이 어디 있을까.

이들은 구에서 진행하는 체육대회, 문화행사, 경로잔치 등에 출연하여 주민들을 즐겁게 해주는 일에 큰 보람을 느꼈다. 흔히 구청 행사를 하면 외부에서 밴드를 초청하는 경우들이 많은데 지역 주민들, 특히 이웃 할아버지, 할머니들로 구성된 악단이 멋진 연주를 들려주니 지역 주민들 역시 매우 만족해했다.

노인들에게 일할 기회를 주는 것은 매우 중요하다. 특수한 일에 속하는 노인들이 생각보다 훨씬 많다는 사실을 알아야 한다. 이들에게 약간의 지원만 하면 매우 유용한 효과를 얻을 수 있다. 노인도 얼마든지 사회를 위해 할 일이 있고 또 해야 한다. 그들의 재능을 살려 일을 할 수 있게 하는 것은 생산성 이전에 그들이 사회나 국가의 도리이고 의무이다.

행정을 풍요롭게 하는 철학

그밖에 장애인들에게 운전면허를 따게 하고 자동차까지 기증받아 일을 할 수 있게 해주고 평범한 주부가 민속춤을 배워 민속 예술단원이 되어 각종 행사에 봉사하는 일도 있었다.

지방마다 특색을 살리고 주민 협조로 머리를 짜내면 나라가 폭발적으로 발전할 수 있다. 이제는 행정이 멋을 추구해야 할 때다. 법이나 규제가 행정을 가둬놓는 것이 아니라 행정이 앞서가야 한다. 그것이 자치의 힘이다. 국회에서는 1년 내내 국회의원들이 진땀을 흘리며 변화에 맞는 법을 만들어야 한다. 시민 생활에 따라갈 수 있는 제도를 계속 마련해야 한다.

철학은 행정을 풍요롭게 한다. 풍요로움은 여유이고 여유에는 멋이 있게 마련이다. 결코 꿈 같은 얘기가 아니다. 다른 나라에서 다 하고 있는데 우리라고 못할 일이 무엇인가. 행정도 결국 리더의 철학에서 시작된다.

행정은 법이 아니라
따뜻한 마음으로

⚖️

시 쓰는 구청장

송파구청에서 일할 때 모셨던 김성순 송파구청장은 뛰어난 행정가이자 정치인이기도 했지만 한편으로는 감성이 풍부한 시인이기도 했다. 평소에도 종종 시를 쓰곤 하셨는데 그중에 내가 가장 좋아하는 시가 한 편 있다.

그 시를 볼 때면 송파구청에서 함께 일하던 때가 생각나기도 한다. 정치를 하면서도 늘 마음에 담아두었던 시다. 김 구청장은 이 시를 1988년 석촌동 백제 고분 복원 공사와 관련해 철거 작업을 하던 어느 날 저녁에 썼다고 한다.

철거하는 아픔

철거하는 아픔이

당하는 아픔보다 더하랴마는

가슴 안고 통곡을 나누고 싶다

모두가 유허가로 세상에 나왔건만

어쩌다 무허가로

이리 쫓기고 저리 밀리나

왠지 모르고

어딘가 세상 기웃대며

이끌려 가는 소년

뒹구는 세간

하나님은 왜 비를 뿌려 공책을 적시는가

인생이 결국 비참한 모습되게

철거하는 아픔이

당하는 아픔보다 더하랴마는

공감하는 공간에 함께 앉고 싶다

너를 나누고 싶다

모두가 알다시피 1980년대 중반은 개발의 시대였다. 서울 시내 곳곳에서 재개발이 진행되면서 오래된 집을 허물고 새로운 아파트나 빌딩을 지어 올리는 일들이 동시다발적으로 일어났다. 개발 바람으로 도시는 쾌적해지고 깨끗해졌지만 이로 인해 터전을 잃은 사람들도 많이 생겨났다. 그것이 사회문제가 되기도 했다.

철거하는 아픔

88서울올림픽을 앞두고 당시 내가 몸담고 있던 송파구청에서도 철거 작업이 이루어졌다. 지자체 입장에서는 반드시 해야 하는 일들이었지만 그곳에서 철거되는 세입자들의 입장에서는 자신의 삶의 터전에서 쫓겨나는 일이기도 했다.

1988년 5월 부슬부슬 봄비가 내리던 오후, 석촌동 백제 고분 복원 공사의 마무리 작업으로 무허가 건물에 대한 철거 작업이 강행되었다. 그런데 철거가 진행되는 중에 폭우가 퍼부었다. 빗속에서 철거 작업이 이루어지다보니 주민들의 아우성과 함께 가재도구와 이부자리 등이 비에 젖으며 아비규환의 지옥 같은 장면이 연출되었다.

아무리 정당한 국가 공권력의 발동이라고는 하지만, 이와 같은 상황에서 사람을 비참하게 만들 수는 없었다. 철거당하는 사람이나 철거하는 사람이나 가슴 아프고 비참하기는 마찬가지다.

보궐선거에서 당선된 진교훈 강서구청장. 강서구를 살기 좋은 지역으로 만들 것이라는 기대가 크다. 마침 나와 동향으로 같은 익산시 낭산면 출신이다.

김성순 구청장은 철거 중단을 지시하고 철거반원을 철수시켰다. 성난 철거민들이 시장실에 몰려왔지만 김 구청장은 피하지 않고 그들 앞에 당당히 서서 공권력의 정당함과 불가피성을 설명했다. 철거민들의 항의가 거세 대화가 거의 불가능한 상황이었지만 그 자리에 계속 거주하는 것은 불가함을 강조하고, 비 때문에 연기한 것뿐이라는 점을 분명히 했다. 공권력의 정당성을 당당하게 이야기하면서도 인간적인 면모를 보여주었기 때문인지 철거민들의 항의도 점점 줄어들었다.

이후 철거민들은 조금씩 저항이 약해졌고 결국 자진해서 철거에 응하는 모습을 보여주었다. 이후 김 구청장과도 따로 연락을 하면서 인간적인 관계를 이어갔다고 한다. 그날 밤 김 구청장이 시를 쓰고자 책상 앞에 앉았던 마음이 이해가 되었다. 단체장으로서 해야 하는 일과 철거민들 입장에서 인간적인 도리가 충돌하는 괴로운 순간이었을 것이다. 어쩌면 그것이 행정의 모습이 아닐까 하는 생각이 들었다.

정당하고 당당한 공권력의 모습을 보여주면서 인간미를 잃지 않는 것. 행정은 법으로만 하는 게 아니라 따뜻한 가슴으로 해야 한다는 것을 배운 순간이었다.

지역,
나누지 말고 합치자

합쳐서 광역화된 개념으로 나가자

공항 하나 만드는 것을 놓고도 지역 이기주의 때문에 진전이 잘 되지 않는다. KTX 노선이 하나 생긴다고 하면 지역마다 서로 철도역이 들어와야 한다고 난리다.

지역을 쪼개놓고 보면 지역 이기주의가 강하게 작용하지만 하나로 뭉쳐 놓으면 훨씬 덜하다. 통합화된 개념에서 보면 공항을 어디에 두고, 기차역을 어디에 놓을지 금방 답이 나온다. 전북 지역만 해도 전주, 익산, 군산을 행정적으로 통합된 관점으로 생각해볼 필요가 있다. 더 나아가서는 서천이나 장항까지도 합쳐서 광역화된 개념으로 가야 한다.

그렇게 중광역 형태로 합쳐놓으면 예산도 선택과 집중을 해서 쓸 수 있다. 지자체의 인구가 어차피 2만 명 아래로 떨어져 1만 5000명, 1만 2000명, 이런 시대가 올텐데 합치지 않고서 어떤 대안이 있을 수 있을까. 물론 통합까지는 가야 할 길이 멀다. 결코 쉽지 않은 길이다. 통합에 대해서도 지자체마다 입장이 다를 수밖에 없다. 이해관계에 따라서 반발이 있을 수 있다. 특히 통합과 관련해서 상대적으로 규모가 작은 지자체의 경우 흡수 통합된다는 생각이 강하기 때문에 자신이 가진 것을 빼앗길 것이라고 생각한다. 이에 따른 저항도 거셀 것이다.

당장 통합이 어렵다면 장기적으로 통합을 추진하면서 작은 부분부터 연합을 해서 함께 해보는 것도 좋다. 굳이 말한다면 지역 연합의 형태가 될 수도 있다. 통합 전 단계로 공동 사업부터 추진하는 것도 방법이 될 수 있다. 한꺼번에 통합한다는 것이 쉽지 않으니 함께 할 수 있는 것들부터 공유해서 낮은 단계부터 순서대로 차근차근 해보면 된다. 예를 들면 안전이나 보건 같은 분야는 지자체가 공동으로 추진하기 좋은 분야다.

지자체를 통합하겠다고 하면 가장 먼저 나오는 것은 공무원들 일자리가 줄어드는 것에 대한 걱정이다. 그건 기우다. 경찰을 예로 들어보면 원래 2교대로 24시간 근무하고 하루 쉬는 형태였는데 지금 3교대로 바뀐 걸로 알고 있다. 24시간씩 2교대를 하면 사람이 견디기 힘들다. 행정에도 아직 그런 부분들이 많이 있다. 그런 곳에 인력을 보충하면 된다. 공무원도 숫자가 많으면 민생에 맞게 더 활용하면 된다. 일의 경중을 따져서 일손이 딸리는 분야에 대해서는 인력을 많이 투입할 수 있다.

예를 들어 민원 창구에 사람이 많아서 기다려야 하는 곳이라면 담당 인력을 늘려서 배치하면 민원인들을 기다리게 하지 않고 빨리 일을 처리할 수 있다. 여전히 손이 모자라는 부서가 있다면 그것을 좀 나눠서 파트별로 돌리면 된다.

지역을 통합한다고 해서 공무원들의 자리가 없어지는 게 아니다. 인력이 더 많이 필요한 곳에서 활용하면 된다. 민원 서비스나 복지 서비스 분야에는 아직도 필요한 인력 수요가 많다. 특히 고령화 추세로 인해 복지 서비스는 앞으로도 점점 더 늘어날 수밖에 없다. 그런 분야는 인력 부족 현상을 겪게 될 것이다. 그 분야로 인력을 돌리면 된다.

익산과 이리의 통합

익산시의 경우도 원래 익산군과 이리시로 나뉘어져 있었는데 1995년 특별법을 통해 합쳐지면서 도농복합도시가 되었다. 두 지역이 합쳐지게 되니 기존 익산군 지역과 이리시 사이의 접근성을 좋게 하기 위한 작업들이 먼저 진행됐다. 통합적 관점으로 한 동네라는 관점으로 보면 도로망이 우선 필요했다. 시군이 통합되면서 농업의 규모도 통합 이후 훨씬 커졌다.

갈수록 인구가 줄면 세수가 줄어들 수밖에 없다. 합쳐서 중요한 일들을 하면서 오히려 전체적으로 파장을 주는 기업체를 유치하거나 거기에 필요한 인프라를 깔 수 있도록 해야 한다. 그동안 행정구역을 작게 나누는 것에 주력해 왔는데 나누는 것이 능사는 아니다. 전국을 60개 정도의 준광역 자치구로 묶자는 것을 주장하는 학자들도 있다. 서울시만 해도 현재 25개구로 나뉘어져 있는데 이것을 4개 정도로 통합하자는 의견도 있다.

안전, 보건 분야부터 먼저 통합 시험을 해보자

언젠가 될지는 모르지만 앞으로 합칠 것을 전제로 해서 선택과 집중을 해야 한다. 안전과 보건 같은 분야는 당장이라도 공동 사업을 한 번 해볼 수 있다. 익산에 물난리가 났을 경우 전주, 익산, 군산을 하나로 묶는다고 가정하면 전주나 군산의 인력을 함께 투입하는 프로세스를 만들어볼 수도 있다.

보건의 경우도 충분히 가능성이 있다. 이미 코로나 팬데믹 같은 상황에서 충분히 그 가능성을 확인했다. 코로나에 대응할 때도 각 지자체 단위로 했는데 같이 통합으로 한다면 얼마든지 더 효율적으로 진행

익산시 낭산면의 폐석산. 건설 현장 자원으로 쓰기 위해 마구 파헤쳐진 곳이다. 통합적 관점에서 고민해보면 이곳의 개발이나 활용 방안도 더욱 다양해질 수 있을 것 같다.

할 수 있다. 교통과 통신의 발달로 거리가 가까워지면서 우리의 삶도 광역화가 되어 있다. 멀리 출장을 가지 않아도 오전에 서울에서 일을 보고, 점심은 용인에서 먹는 일이 있다. 우리 생활권이 시도를 가볍게 뛰어 넘는 일이 많다. 이런 생활 속에서 해당 지자체에서만 뭘 하고 그런 게 사실 굉장히 제한적일 수 있다. 궁극적으로는 통합에 따른 경제적인 효과도 기대할 수 있다.

통합의 효과는 소방 분야를 보면 미리 예상해볼 수 있다. 소방 분야의 경우 원래 각 지자체별로 나뉘어져 있었으나 문재인 정부 때 그 권한을 통합하면서 시너지 효과를 기대할 수 있게 됐다.

　수해나 화재가 여러 지역에 걸쳐서 발생했을 때 지자체가 다르면 사고에 대해서 일일이 대응하기 어려웠다. 하지만 이제 중앙 정부 차원에서 소방을 담당하고 있기 때문에 지역과 상관없이 통합적으로 운영될 수 있어서 한꺼번에 일사불란하게 움직일 수 있었으며 강원도 산불 화재 사고 대응에도 좋은 평가를 받았다. 통합의 효과는 기대 이상으로 컸다.

산맥 뚫어서라도
동서 통합 시대 열자

남북 철도 보다 동서 철도 확충

우리나라의 철도 노선을 보면 남과 북을 연결하는 노선이 대부분이다. 도로도 마찬가지다. 도시의 발달과 사람이나 물류의 흐름이 주로 남북으로 이어졌기 때문이다. 하지만 이제 시각을 좀 바꿔서 철도와 도로의 방향을 동서로 연결할 때가 되었다고 생각한다.

우리나라가 동서 화합이 잘 안되고 지역 갈등이 남아 있는 이유 중 하나는 국토를 동과 서로 나누는 산맥 때문이다. 과거에 걸어서 다닐 때는 험준한 산맥을 넘기 어려워서 왕래가 적었지만, 교통이 발달한 지금도 철도나 도로를 연결하기 어려운 사정이 있다.

우리나라의 터널 뚫는 기술은 이미 세계적이다. 터널 뚫은 비용과 시간이 많이 소요되는 것은 사실이지만 태백산맥 줄기에 터널을 뚫으면서 서울에서 강릉, 서울에서 속초, 양양도 예전보다 훨씬 가까워졌다. 남부지방도 동서의 연결 축들을 늘려 나가야 할 것이다.

이재명 대표의 남부 수도권 구상 지지

이재명 대표가 지난 대선 기간 때 주장했던 남부 수도권 구상도 대찬성이다. 경상남도와 전라남도라는 구분 대신 목포나 울산 등 도시를 남부수도권이라는 이름으로 묶을 수 있다. 관점을 바꿔 보면 새로운 발전의 가치가 생긴다.

이재명 대표는 대선 당시 남부수도권을 조성해 2035년까지 평균 지역경제 성장률 5퍼센트대를 달성하겠다는 목표치를 제시했다. 남부수도권 실현을 통해 현재 전체 GDP 대비 3분의 1 수준의 GRDP(지역 내 총 생산)를 최대 절반 가까이 끌어올리고, 2035년까지 일자리 400만 개, 인구 2400만 명, 평균 지역경제 성장률 5퍼센트대를 달성할 것이라고 발표했다.

구체적인 목표 수치는 차이가 있을 수 있지만 기본적으로 한반도의 동서를 연결해 하나의 경제권으로 묶는 것에 대해서는 대환영이다. 남부수도권은 영·호남과 제주를 하나의 초광역단일경제권으로 묶어 서울수도권과 함께 두 개의 초광역경제권을 중심으로 경제 성장과 국가 균형발전을 이끌겠다는 구상이다. 남부수도권 구상이 현실화되면 수도권 초과밀 집중과 지방소멸의 위기를 극복하고, 김대중·노무현·문재인 정부가 일관되게 추진해 온 국가균형발전 정책의 최종판이자, 세계 5대 강국으로 가는 경제성장 전략이 될 것으로 기대하고 있다.

대한민국 모든 것이 서울 수도권 중심으로 이루어지고 있다. 돈이며 인력 모두를 빨아들이고 있다. 이런 분위기 속에서 남부수도권 구상은 서울 수도권 집중 현상을 조금이라도 해소하는 차원에서 충분한 설득력을 갖고 있다. 소멸 위기에 직면한 영·호남을 다시 돈과 사람이 몰려드는 기회의 땅으로 만들겠다는 과감한 국토 균형발전 전략이자 세계 5대 강국 진입을 위한 성장 전략이 될 수 있다. 이렇게 된다면 한반도 남부권은 싱가포르와 같이 독자적인 글로벌 초광역 경제권으로 발돋움할 수 있다는 주장이다.

남아 있는 사람들이 행복하게 사는 법

지역 문제를 보는 관점을 바꾸어야 한다. 지역 인구가 줄어든다고 해서 아이 한 명을 낳으면 얼마를 주고, 두 명을 낳으면 얼마를 준다는 단순한 발상은 말도 안 되는 예산 낭비다. 지자체가 인구를 지키려고 하다 보니 지역에 몇 개월만 인구를 유지해도 돈을 주는 제도도 운영하고 있다. 그런 제도를 악용해서 인구를 어디서 빼와서 넣었다 뺐다

하는 광경도 벌어지고 있다. 그게 무슨 지역 소멸에 대비하는 대책이 될 수 있을까. 이제 인구가 줄어드는 것을 기정사실로 생각해야 한다. 인구가 줄어드는 것은 변수가 아니라 상수다. 인구 감소를 상수로 놓고 정책을 짜야 한다. 인구가 줄어든다고 해서 당장 불행해지거나 국가가 망할 것이라고 생각하지는 않는다.

이민을 활성화한다거나 하는 방법을 통해 인구를 유지할 수 있는 방법들은 얼마든지 있다. 우선 그것보다도 남아 있는 사람들이 어떻게 행복하게 잘 살 수 있을지 고민해야 한다.

지역 소멸한다는데 집만 지을 것인가

주택 과잉 공급 주의보

익산시 곳곳에 타워크레인이 넘쳐나고 있다. 모두 아파트를 짓는데 사용되는 타워크레인들이다. 앞으로 2만 5000세대를 더 짓는다는 이야기도 있고, 2만 8000세대란 이야기도 있다. 아파트를 더 짓기만 하면 모두 '완판' 될 수 있다는 자신감에 넘치는 것 같은 모습이다.

과연 이것은 사실일까. 익산시에 위치한 기존 아파트의 가격은 이미 수천만 원씩 떨어지고 있고, 건설을 시작한 중·소 업체들은 자재 가격과 늘어나는 이자로 고사 직전에 있다. 또 기존에 건축해 새로 분양한 아파트들도 이미 분양가까지 집값이 빠진 상태다.

더욱 큰 문제는 녹지가 빈약한 익산시가 공원 일몰제 해제 명목으로 수도산·소라산 일대 그린벨트를 풀어주는 바람에 기존 땅 주인들과 업자들의 잇속만 챙겨 준 것 아니냐는 비판들이 나오고 있다.

몇 년 전 투기 세력에 의해 전국 아파트 가격이 폭등할 때 익산시에는 아파트 공급이 부족한 데다 이 때문에 인구 유출이 심해진다면서 이것을 공급 확대 논리의 근거로 삼아왔다. 하지만 이는 과학적 근거가 빈약한 논리다. 아파트 가격이 상대적으로 안정적인 전주나 완주의 인구도 소폭 늘거나 비슷한 규모를 유지하고 있다. 상대적으로 익산시가 뒤늦게 아파트 인허가를 마구잡이로 내주고 있지만, 인구는 계속 줄고 있고 도심 공동화는 가속화되고 있다. 문제의 핵심은 익산시에 인구 유입이 가능한 요인 자체가 부족하기 때문이라고 확신한다.

백번 양보해 익산시가 주장하는 것처럼 모든 아파트의 입주가 완료된다고 가정해보자. 인구가 5만 명에서 8만 명까지 늘어나는 것에 대한 후속 대책들은 과연 준비되어 있는가. 직주근접이 중요해지고 문화와 여가생활까지 한 공간에서 하길 원하는 현대인들의 라이프스타일을 고려해 볼 때 아파트 공급은 학교·병원·도로망 등 인프라 확충과 같이 이뤄져야 한다. 그러나 익산시는 어린이병원조차 턱없이 부족하다는 하소연들이 많다. 게다가 지난해 말 기준 익산시 합계 출산율은 0.77로 전국 0.78 보다 낮고 전북 전체 시·군을 놓고 보더라도 평균 이

하다.

잘못된 정책의 피해자는 시민

그렇다면 집값은 오를 수 있을까. 미국의 기준 금리는 금년에만 더 오를 수 있다는 관측이 나오고 있다. 중국을 비롯해 우리나라 또한 부도 위험 대형건설사 이름이 거론되는 상황에서 중·소 건설사는 오죽하랴. 더 큰 문제는 내년 총선을 앞두고 정부·여당이 대형 건설사 줄도산을 막기 위해 안간힘을 쓰게 될 것이라는 점이다.

이로 인해 일시적 주택담보대출을 풀어 가계 대출을 늘리는 방향으로 가계에 책임을 떠넘기게 될 것이다. 2023년 7월 기준 가계 부채는 전월 대비 5조 4000억 원 증가한 1,750조 원에 육박하고 있다. 이 규모를 GDP 대비 가계 빚 증가 속도로 보면 18개 주요국 중 2위 수준이며 신흥국들 가운데 단연 1위다.

이런 이유로 많은 애널리스트들과 부동산 전문가들은 2024년에 집값 폭락을 예상하고 있다. 주택담보대출을 풀어주는 틈을 타 다주택자들은 집값 폭락을 예상해 집을 내다 팔고 있고, 공부가 덜 된 선량한 실수요자 시민들만 매입에 나서고 있는 상황이다. 투기 수요가 문제라는 식으로 개인과 업자를 탓할 게 아니라 익산시가 무한 책임을 지는 자세가 온당한 처사다. 잘못된 정책의 피해자는 결국 시민들이며, 개인의 문제로 국한되지 않는다. 중산층이 더 엷어지고 계층 간 자산 격차는 더욱 커질 수밖에 없으며 이는 출산율에도 영향을 미칠 수밖에 없기 때문이다. 결국 인구 유출을 부추기고 아파트 시장의 불안을 초래하는 것은 익산시다.

 발등에 떨어진 불을 끄는 대책을 남발하는 것보다는 저성장·인구감소 등 불확실성의 시대를 대비하는 장기적 측면의 정책 마련에 초점을 맞추어야 한다. 이도 저도 아닌 적당한 대책으로 시민들을 현혹시켜서는 안 될 것이다.

Chapter 4
정치 혁신

어떤 강물도 마다하지 않는
바다처럼

이재명, 광종에게 배워라

견디고 버텨서 이겨내길

더불어민주당 이재명 대표가 어느 때보다 힘들고 어려운 시간을 보내고 있다. 정치인을 떠나서 한 인간으로서도 견디기 힘든 수모를 겪고 있다. 몇 년 동안 끊임없이 압수수색과 수사를 받고 있으며 매주 수차례씩 재판에 출석해야 하는 등 정상적인 삶을 살기 어려울 정도가 되고 있다. 이런 일들을 겪고 버텨낼 수 있는 사람이 과연 얼마나 있을까 궁금하다. 아마 많지 않을 것이라고 생각한다. 초인적인 힘이다. 어렵고 고통스럽겠지만 어떻게든 견디고 버텨서 이겨내기를 기대하고 또 바라고 있다. 이재명 대표가 요즘 처한 모습을 보면서 문득 고려시대 4대 임금인 광종이 떠올랐다.

광종은 고려 태조 왕건의 아들로 혼란스러웠던 고려 왕조 초기 왕권을 강화하는 데 크게 기여한 왕이다. 왕건은 호족 세력을 기반으로 고려를 개국할 수 있었고 그런 상황 속에서 왕권을 안정시키기 위해 호족 세력과 연합해야만 했다. 왕건의 왕후가 6명이고 후궁이 23명인 것도 바로 이 때문이다.

나라를 세울 때까지는 좋았지만 그 이후가 문제였다. 개국할 때 큰 도움을 주었던 호족들은 사병을 거느리며 막강한 세력을 갖고 있었기 때문에 왕건 입장에서는 걸림돌처럼 여기지게 되었다. 결국 호족 세력에 의해 왕권이 위협을 받는 상황에 처하게 된다. 호족 세력의 위세가 왕권을 누를 정도였다. 이 때문에 왕건은 세자 책봉에 대해서도 극도로 조심할 수밖에 없었다. 6명의 왕후가 모두 호족 집안 출신이었기 때문에 잘못 판단했다가는 왕위 계승을 둘러싸고 호족 간 싸움이 벌어질 수도 있는, 긴장감이 감도는 상황이었다. 지방 호족들의 눈으로 보면 자신들은 고려를 세운 '공동 창업자'이자 혁명 동지나 다름없었다.

태조 왕건에 이어 2대 왕 혜종이 즉위했으나 2년 만에 죽고 3대 왕 정종이 왕좌에 오른다. 3대 왕인 정종은 왕권 강화에 대한 강력한 의지를 보였다. 비록 실패로 끝나긴 했지만 호족들의 세력을 약화시키기 위해 즉위하자마자 개경에서 서경으로 천도를 시도했다. 또 거란군의 침략에 대비한다는 명목으로 농민으로 편성된 예비 군사조직인 광군

(光軍)을 30만 명 규모로 창설하는 등 의욕을 보였다. 하지만 정종의 개혁은 호족들의 거센 반발에 밀려 제대로 추진되지 못했고 무슨 이유였는지 모르겠지만 정종 역시 4년 만에 병상에 눕더니 세상을 떠나고 말았다.

그런 분위기 속에서 4대 왕에 오른 이가 바로 광종이다. 광종은 정종과 달리 집권 초 개혁에 대해 특별한 의욕을 보이지 않았다. 집권하고 나서도 7년이 되도록 거의 존재감을 드러내지 않았다. 있는 듯 없는 듯 조용히 책만 보면서 지냈다.

호족들과 무훈공신들의 틈바구니에서 큰 목소리를 낼 수 없는 분위기도 있었지만 이들의 심기를 건드리지 않겠다는 뜻을 분명히 보여주었다. 무리하게 왕권 강화를 시도하다가 좌절한 형들의 전철을 밟지 않으려는 것처럼 보였다. 하지만 마침내 기회가 오자, 광종은 조용하면서도 과감하게 개혁의 칼을 빼들었다.

칼 대신 정책으로 왕권을 강화하다

광종이 빼든 첫 번째 칼은 바로 956년에 실시한 '노비안검법'이라는 제도였다. 당시 고려에는 원래 양인이었다가 후삼국 통일 과정에서 포로로 잡혔거나 빚을 갚지 못해 노비가 된 사람들이 많았는데 이렇게 노비가 된 사람들이 수십만 명에 달했다고 한다. 광종은 그들을 노비의 사슬에서 풀어주고자 했다.

　광종은 왕권 강화를 위해서 호족들과 정면 승부를 하는 대신, 정책으로 승부를 보려고 했다. 노비안검법은 억울한 백성들의 지지를 받을 수 있는 훌륭한 민생 정책이었고 인도적인 정책으로 평가받을 만했다. 물론 그 이면에는 또 다른 의도가 있었다. 노비안검법을 실시함으로써 호족들의 토지를 경작하고 사병 역할을 하던 노비를 감소시켜 호족 세력을 약화시키고 세금을 내는 양인의 수를 늘려 국가의 통치 기반을 강화하고자 한 것이었다.

　하나의 정책을 통해 호족 세력을 약화시키고 왕권을 강화하는 두 가지 효과를 기대할 수 있는 절묘한 한 수였다. 당연히 호족들은 거세게 반발했다. 아쉽게도 그 반발에 부딪혀 노비안검법이 제대로 정착되지는 못했다.

　하지만 칼이 아닌, 정책으로 지방 호족의 세력을 통제할 수 있는 수단이 있음을 보여주었다. 정책 입안을 통해 권력을 축소시킬 수 있도록 하려는 시도가 얼마든지 가능해보였다. 비록 광종의 정책이 성공적으로 진행되지는 못했지만 권력자들을 긴장하게 하고 그들의 간담을 서늘하게 했던 것만은 분명하다.

과거제도 도입으로 인적 혁신을 꾀하다

광종은 여기서 머물지 않고 곧 이어 개혁의 두 번째 칼을 꺼내 들었다. 시험에 의해서 관리를 선발하는 국가고시제인 '과거제도'를 전격 실시한 것이다. 노비안검법이 시행된 지 불과 2년 밖에 지나지 않은 958년의 일이었다. 광종의 과거제는 우리 역사상 최초로 시도되는 국가고시제이며 지금까지도 실시되고 있는 각종 국가시험의 '원조'라고 할 수 있을 정도로 의미 있는 일이었다.

광종의 과거제 실시는 능력에 따른 인재 등용이라는 정책적 의미도 매우 컸지만 역시 그 배경 역시 호족과 무훈공신들의 세력을 누르기 위한 정책의 일환으로 해석할 수 있다. 과거제는 한문학이나 유교 경전의 능력을 평가하고 그 성적에 따라 인재를 선발하는 제도였기 때문에 그동안 커다란 정치적 비중을 차지하고 있던 무훈공신들의 세력을 자연스럽게 약화시키는 대신, 왕에게 충성할 수 있는 신진 세력들을 기용할 수 있는 좋은 창구가 되었다. 광종은 이를 통해 왕권 안정을 기할 수 있었다.

더구나 과거제도의 시행을 건의한 쌍기는 중국 후주 사람으로 고려에 사신으로 왔다가 병을 얻어 치료를 위해 잠시 체류 중이었는데 광종의 눈에 띄어 고려에 귀화해서 눌러 살면서 광종의 개혁에 힘을 보태게 되었다. 쌍기는 고려에 어떤 세력도 없었기 때문에 주변에 쉽게

휘둘리지 않았으며 왕권을 튼튼히 하고 사회를 안정시키는데 큰 힘이 되었다. 과거제도가 생기면서 양인 이상의 신분을 가진 백성들이라면 누구나 과거에 응시해서 관리가 될 수 있는 길이 열렸다. 고려가 능력 위주의 사회로 탈바꿈할 수 있는 계기를 마련한 것이다. 물론 기회가 주어졌다고 해도 양인들이 한가롭게 공부에만 전념할 수는 없었겠지만 그래도 새로운 기회가 주어졌다는 것만큼은 의미가 크다.

과거를 통해 새로운 세력들이 정치에 진출했으며 왕은 이들을 발탁해 자신의 정권을 유지하는데 크게 썼고 이들 또한 자신을 등용해준 왕에게 충성을 바쳤다. 과거제는 권력구조의 변화 외에도 학문의 발전에도 크게 기여했으며 과거 공부를 하기 위해 교육기관들이 생기는 등 고려사회에 미친 영향이 매우 컸다.

당권만 빼놓고는 다 줘라

이재명 대표를 보면서 고려 광종이 떠올랐던 것은 이런 부분 때문이다. 수모가 계속되겠지만 참고 견디며 때가 오기를 기다려야 한다. 그리고 국민을 위한 정책으로 승부를 뒤집으면 된다. 그동안 해온 수많은 행정 경험을 바탕으로 능력을 발휘한다면 그가 원하는 개혁을 이룰 수 있을 것이다.

'꼬리를 잡아 몸통을 흔든다.'

이재명 대표가 어렵고 고통스러운 시간들을 보내고 있지만 어떻게든 견디고 버텨서 이겨내기를 기대하고 또 바라고 있다.

이재명 대표가 평소 좋아하는 말이라고 한다. 카피가 좋아서 직접 쓴 책의 제목으로도 사용한 적이 있다.

"나는 성남시에서 갈고 닦은 전략과 전술로 중앙을 향해 나갈 것이다. 그리고 민주주의를 망치는 부정부패의 꼬리를 잡아 대한민국에서 몸통이라 으스대는 자들을 뒤흔들 생각이다. 이 뜻이 이루어지는 그날, 나의 가슴과 국민의 가슴에 타오르던 분노의 불길도 점차 가라앉으리라 믿는다."

〈이재명은 합니다〉 중에서 228쪽

그들이 원하면 당권만 빼놓고는 다 줘도 괜찮다. 당권은 결코 넘겨줘서는 안 된다. 당권을 잘 지키고 있다 보면 개혁의 칼을 쓸 기회가 올 것이라고 믿는다.

여의도의 논리,
광장의 논리를 넘어

촛불 시민들의 불만

광장에서 촛불을 들었던 수많은 촛불시민들이 더불어민주당을 질타하고 있다. 그 질타의 목소리가 어디서나 들려오고 있다. 광장에 나와 촛불을 들고 정권 교체의 디딤돌이 되어주었는데 국회로 간 의원들은 과연 무엇을 하고 있는지 실망스럽다. 국민들의 눈으로 볼 때 국회의원들이 영 못 마땅해 보일 것이다. 특히 180석이나 안겨 준 더불어민주당 국회의원들에 대한 불만이 하늘을 찌를 듯하다.

국민들은 그동안 우리가 광장에서 촛불을 들었으니 이제 국회의원들이 직접 광장에 나와서 이야기하라며 그들의 등을 떠밀고 재촉하고 있다. 국회에서 아무 일도 하지 않을 것 같으면 차라리 거리로 나와서

홍익표 더불어민주당 원내대표와 함께

촛불이라도 들라는 엄한 질책이다. 그 추운 겨울 광장에서 촛불을 들고 새로운 세상을 꿈꾸었던 많은 국민들, 촛불 혁명을 통해 문재인 대통령을 찍었던 많은 유권자들이 천정부지로 솟은 집값에 실망했고, 그 배신감과 실망을 결국 표로 보여준 것인 지난 대선이었다.

지난 총선에서 국민들은 더불어민주당에 180석이라는 압도적인 승리를 몰아주었다. 많은 의석 수 만큼이나 실망도 크다. 사실 따지고 보면 숫자는 큰 의미가 없다. 180석으로 할 수 있는 것은 160석으로도 할 수 있고, 160석으로 못하는 일은 180석으로도 하지 못한다. 숫자보다는 의지가 필요하다. 단 1석이라도 존재감을 발휘하면서 누구보다 열심히 일하는 기본소득당 용혜인 의원 같은 사람도 있다. 물론 전체 의석수의 3분의 2, 즉 200석을 넘긴다면 무엇이든지 할 수 있다. 대통령이 거부권을 행사하면 그것을 뒤집을 수 있고, 대통령 탄핵도 언제든지 할 수 있다. 하지만 200석 미만의 의석이라면 어차피 할 수 없는 것은 마찬가지다. 180석을 갖고도 아무 것도 하지 못했다고 실망하는 국민들이 많겠지만 그것이 또 현실 정치의 한계이기도 하다.

여의도의 논리가 있고 광장의 논리가 있다. 정치의 논리인 여의도의 논리에 따르면 적과도 끊임없이 대화를 나누고 반대되는 의견을 가진 사람들과도 협상을 해야 한다. 광장에서는 무슨 말을 해도 되지만 여의도의 논리로 보면 조심스럽다. 국회의원들이 광장에 나가서 문제를 해결하려다보면 오히려 역풍에 시달릴 수도 있다. 국회의원들이 광장의 논리에 주저하고 있는 이유이기도 하다.

정치인들에 대한 지속적 관심 가져야

물론 정치인들이 광장에 나가서 문제를 해결할 수 없다. 하지만 광장에 나간 시민들의 마음까지 헤아리지 못해서는 국회의원의 자격이 없다. 국회의원들은 광장에 나선 촛불 시민들의 마음을 헤아려 그 몫을 국회에서 해내야 한다. 힘들고 실망스럽겠지만 국민들은 그들의 생각을 다시 표로 보여주는 수밖에 없다.

"정치인들이 무슨 일을 해도 사람들이 관심을 갖지 않습니다. 으레 저 사람들이야 거짓말하고 사기치고 이익만 있으면 옮겨 다니는 사람들이라고 생각하는 데 우리 정치의 비극이 있는 것입니다. 정치인이 거짓말을 하면 정치인이 그럴 수 있냐면서 흥분을 해야 합니다. 정치인이 원칙을 저버렸을 때 어떻게 그럴 수 있냐고 국민들이 화를 내는 사람이 있습니까? 당을 바꿨다고 화를 내는 사람이 있습니까? 그렇다고 언론이 이야기를 합니까? 다들 구경만 하고 있습니다. 오로지 누가 게임에서 이기는가, 그것만이 최고의 가치를 지니고 있지 않습니까?"

〈성공과 좌절, 노무현 대통령 못 다 쓴 회고록〉 중에서 269쪽

노무현 대통령은 우리 정치의 비극을 정치인에 대해서 관심을 갖지 않는 데에 있다고 말했다. 선거에서 누가 이기느냐에 대해서만 관심을 갖지 말고 정치인들에 대해서 적극적으로 관심을 갖고 그들이 잘못하고 있는 것에 대해서 분노하고 흥분하라고 말한다. 정치인들이라면 국민들의 마음을 읽고 그들의 분노를 깊이 새겨야 할 것이다.

민주주의를 지키는
최후의 보루

도자기 박물관에 들어온 코끼리

얼마 전 유시민 작가가 윤석열 정부의 모습을 보며 '도자기 박물관에 들어온 코끼리'라고 표현하는 것을 듣고 무릎을 쳤다. 정말 적절한 비유라는 생각이 들었다.

"도자기 박물관에 코끼리가 들어왔다고 생각해보라. 코끼리가 한 번 돌 때마다 도자기가 아작 난다. 그 비슷한 상황 아닌가"라고 지적했다. 그는 이어 "코끼리가 도자기를 때려 부수려고 들어온 건 아니다. 잘못된 만남"이라고 했다. 코끼리의 의도와는 상관없이 몸을 흔들수록 도자기 박물관 안의 도자기들은 부서진다. 박물관에 코끼리를 넣은 조력자들은, 프로페셔널하지 않은 아마추어라는 얘기로 해석할 수도 있겠다. 외교, 국방, 서민 복지 예산 축소, 공기업 민영화 논란, 도자기 박물관의 크고 작은 도자기들이다. 대한민국이라는 박물관 안에서 숱한 도자기들은 무사할 수 있을까?

왜곡된 여론조사의 현실

윤석열 정부의 실정이 이어지고 있지만 여론조사의 결과가 이것을 제대로 반영하지 못하고 있는 것같다. 온 사방에 분노가 들끓고 있는 것에 비하면 대통령의 지지율 30~40퍼센트는 지나치게 높은 지지율이라는 생각이다.

그 이유 중 하나는 바로 여론조사의 설문 항목에 있다. 어떤 수식어를 넣어서 어떻게 질문하느냐에 따라서 답이 다르게 나올 가능성이 충분히 있다. 질문에 따르는 수식어가 교묘하게 설정되어 있다거나 중간에 이상한 질문들로 인해 설문조사를 완결하지 못하게 하는 구조가 있을 수 있다.

여론조사 전화를 끝까지 다 듣지 못하고 중간에서 끊어버리는 사람들도 많다보니 여론조사가 일부 왜곡될 수 있다고 생각한다. 조중동을 비롯한 레거시 미디어들은 대선을 앞두고도 이재명 대표가 10퍼센트까지 진다는 기사를 연일 내놓기도 했다.

여론조사의 왜곡은 그것으로 끝나는 것이 아니라 선거 때 '밴드웨건 효과bandwagon effect'를 가져오게 하기 때문에 위험하다. 밴드웨건 효과는 미국의 경제학자 하비 라이벤스타인Harvey Leibenstein이 발표한 일종의 네트워크 효과로 유행에 따라 상품을 구입하는 소비현상을 의미한다. 밴드웨건은 서커스 행렬의 맨 앞에서 대열을 선도하고 분위기를 띄우는 악대차(樂隊車)를 뜻하는데 미국 서부 개척시대에 금광으로 사람들을 몰고 가는 역할을 했다. 금방이 발견됐다고 하면 너도 나도 잘 알아보지도 않고 무작정 따라가는 현상이 생겼다는 데서 유래한 용어다.

0.7퍼센트로 당락이 갈린 지난 대선에서 여론조사의 밴드웨건 효과는 생각보다 훨씬 컸다. 일각에서는 3퍼센트 정도의 표가 밴드웨건 효과로 인해 따라갔다는 분석이 나올 정도다. 자신이 찍은 표가 사표(死票)가 되는 것을 꺼려하는 유권자들의 경우 막판에 가면 당선 가능성이 높은 쪽을 선호하는 경향이 있다. 정치권에서 흔히 말하는 일종의 '대세론'이다. 선거를 앞두고 사전 여론조사나 선거유세 운동을 벌였을 때, 특정 정당 및 후보가 절대적인 우위를 차지하면 그 쪽으로 지지율이 쏠리는 현상이 발생한다.

민주주의를 지키는 깨어 있는 시민
선거판은 인간 욕망의 백화점 같다. 인간의 온갖 감정들이 떠다니고 각종 욕망들이 꿈틀거린다. 그런 인간의 욕망을 그럴싸하게 포장하고, 이익과 희생을 적절히 섞어내면 속아도 찍어주는 유권자가 나타난다. 어떤 사람들은 내가 살고 있는 곳을 재개발해서 부자가 되게 해줄 것이라는 욕망에서 표를 찍고, 또 어떤 사람들은 집값 걱정 없이 편하게 살고 싶은 마음에 표를 찍는다.

하지만 선거가 끝나고 나면 투표한 손가락을 자르고 싶다는 사람들이 나타날 정도로 큰 실망감을 느끼게 된다. 선거 때마다 그런 일들이 끊임없이 반복된다. 총선이 다가오고 있다. 투표로 심판하고 바꿀 수밖에 없다. 민주주의를 지키는 최후의 보루는 깨어 있는 시민이라는 것을 잊지 말자.

반성 없는 더불어민주당에
회초리를 들다

더불어민주당을 향한 조롱

"더불어민주당엔 민주주의가 없다. 대선 후보건, 당 대표건 당선되기만 하면 다음 날부터 하이에나처럼 서로 물어뜯기 시작한다."

익산에서 택시를 타고 다니면서 기사님들로부터 여러 가지 이야기를 듣는다. 대부분 더불어민주당에 대한 질책이다. 그중에서도 이렇게 송곳 같은 지적을 하신 기사분의 말씀이 기억에 남는다. 더불어민주당의 요즘 모습을 두고 여의도에서 오가는 말들도 있다.

"먹을 것을 두고 싸울 때 더불어민주당은 얼마나 심하게 싸우는지 아무도 먹지 못하고 제3자가 낚아 채간다."

익산 시내에서 이동할 때마다 주로 택시를 타면서 기사님들로부터 민심을 전해 듣고 있다. 더불어민주당에 대한 뼈 아픈 비판에 대해서도 겸허하게 받아들이고 있다.

조롱 섞인 이야기다. 이 두 장면이 현재 더불어민주당의 현주소가 아닐까 하는 생각이 든다. 윤석열 정부의 폭거를 막아야 할 절체절명의 중요한 시기에 동료 의원을 공격하고, 내년 총선에서 자기만 살아남겠다며 이해득실만 따지는 이들이 있다.

얼토당토않은 대표 사퇴설이나 유포시키고 비대위를 누가 맡아야 한다는 등의 유언비어로 잿밥에 눈독을 들이는 사람들이 있다. 이런 상황에서 누가 더불어민주당을 응원하겠는가. 더불어민주당이 썩을 만큼 썩었다고 공격해도 과연 반격할 수 있을까. 국민들이 다시 더불어민주당 편에 서게 하고 싶다면 더불어민주당 모두가 통렬한 반성을 해야 한다. 그러한 반성 없이 국민들의 한 맺힌 분노와 절망의 실타래가 풀릴 수 없을 것이다.

더불어민주당은 여전히 국민들의 마음을 읽지 못하고 있다. 적당히 하다 보면 국민들이 다시 더불어민주당을 선택할 것이라는 대단한 착각에 빠져있다. 오직 국민들만 알고 있다. 어느 당이 되든, 누가 되든, 결국 국민이 그 모든 멍에를 온전히 져 왔다는 사실을 말이다. 이제는 정말 더불어민주당이 통렬히 반성하고 똘똘 뭉쳐 싸워야 한다. 민심을 읽지 못하는 당에는 미래가 없다. 민심의 엄중한 경고를 외면할 때 결국 돌아오는 것은 더 큰 회초리밖에 없다.

더불어민주당을 향한 조롱

2017년 5월 9일, 국민의 염원 속에 촛불 혁명으로 탄생한 문재인 정부. 촛불 시민들의 엄청난 기대와 뜨거운 환호 속에서 출발했던 그 모습이 지금도 눈에 선하다.

노무현 대통령이 그렇게 꿈꿔왔던 언론 개혁, 검찰 개혁을 비롯해 한국 사회에 만연해 있는 반칙과 특권 없는 사회 건설, 지역주의 극복, 사회 개혁, 한반도 평화 정착을 위해 추운 겨울에도 뜨거운 함성으로 시민 명예혁명을 성공시켰다. 국민들을 위해 낮은 권력, 겸손한 권력이 되어야 한다는 마음이었다. 그 열망이 어느 정도였는지는 문재인 정부에서 치러진 지방선거와 총선을 통해 확실히 알 수 있었다.

과연 청와대를 비롯한 더불어민주당은 국민의 성원에 응답했을까. 그들은 국민들에게 무엇을 보여주었나. 국민의 개혁에 대한 기대도 잠시, 청와대와 더불어민주당은 다시 오만해졌다. 한마디로 국민들에게는 절망과 분노의 연속이었다. 이미 무능력한 것으로 검증이 끝난 인사들을 다시 기용하고, 이미 실패를 경험한, 현장을 무시한 규제 일변도의 부동산 정책을 답습했다. 기획재정부조차 제대로 통제하지 못하는 무지와 무능을 드러냈다.

그렇게 기대했던 언론 개혁은 손도 대지 못했으며, 검찰 개혁도 공수처만 만들면 모두 해결되는 양 자만한 끝에 아무 결과도 얻지 못했다. 뼛속까지 특권으로 스며있는 법조 카르텔에 그렇게 당해 놓고도 그 카르텔을 깨뜨려보지도 못한 채 대통령이 임명한 법무부 장관과 검찰총장이 몇 달 동안이나 치고받고 싸우는, 차마 눈 뜨고 보지 못할 답답한 장면을 연출하고 말았다. 그 모습을 속수무책으로 바라보는 국민들의 마음이 어땠는지 헤아려 봤으면 좋겠다.

대북 문제는 또 어떤가. 순항하던 북미 회담을 미국이 주문한 워킹그룹을 받아들임으로써 주도권을 빼앗겨 공들인 남북 관계가 한 발짝도 진일보하지 못한 채 후퇴하고 오히려 미국의 의도에 말려 북한의 분노만 사고 좌초되고 말았다.

작년에 치러진 대선 과정과 그 결과를 한번 자세히 들여다보자. 특히 대장동 논란에 대응하는 방식은 무능의 극치였다. 대장동 논란의 본질은 법조 카르텔이 만들어 낸 부산저축은행에서 하나은행에 이르기까지의 PF 과정이 핵심이다. 그런데도 이를 둔갑시켜 이재명 후보가 주범인 양 왜곡 날조해 정략적으로 경기도지사 선거에서 악용하더니 급기야 대통령 선거 경선에까지 끌고 들어와 의혹을 증폭시키고, 대선판을 온통 사법 리스크 판으로 만들어 놓은 게 누군가.

지금까지 이렇게 왜곡 날조된 사법 리스크 굿판에서 제1야당 대표에게 올가미를 씌우도록 만든 것 또한 누구인가. 그런 상황 속에서 적극적인 방어는 물론 제대로 된 공격 논리조차 펴지 못한 이들이 바로 지금의 더불어민주당 의원들이다.

대통령 선거 과정에서 경선 결과에 승복하는 것인지 아닌지, 아리송하게 행동하며 제대로 선거운동조차 하지 않은 자들은 또한 누구인지. 더불어민주당의 요즘 행태를 보면 더욱더 피가 거꾸로 솟는다. 윤석열 정부의 폭정에 대한 반대급부만을 생각해 윤석열 대통령으로부터 반국가세력으로 몰리는 마당에도 동료 의원을 공격하고, 국민들의 생각

이태원참사 1주기를 맞아 지난 10월 29일 서울광장에서 시민 추모대회가 열렸다.

과는 상관없이 내년 총선에서 자기만 살겠다고 이해득실만 따지고 있다. 얼토당토않은 대표 사퇴설이나 유포시키면서 비대위를 누가 맡아야 한다는 등 잿밥에 눈독을 들이느라 참으로 난리들이다.

국민들이 압사해 죽어도, 터널에 갇혀 물에 빠져 죽고, 불에 타 죽어도 그 누구도 책임지지 않는 나라, 한반도를 전쟁 연습장으로 대 놓고 활용해도 말 한마디 하기는커녕 오히려 앞장서서 동조하는 정권, 일본이 핵 폐수를 방류해도 오히려 일본 편에 서서 해명하고 두둔하려고 드는 요상한 정권, 날이 갈수록 강화되고 점점 조여오는 지정학적 리스크···. 과연 국민은 어떤 당을 믿어야 하겠는가.

국민 입장에서 곰곰이 한번 생각해 보자. 국민이 이렇게 힘든데 지금 잘못하고 있는 정권만 믿겠는가, 아니면 그 추운 날, 거리에 나가 발 동동 구르며 목 놓아라 외치고 선거를 통해 큰 기대와 열망을 몰아줬던 더불어민주당을 믿겠는가.

한 정권에서 일하다 법무부 장관과 검찰총장으로 나누어 박터지게 싸우다가 말 갈아타고 수구 보수 품에 안겨 대통령 행세하도록 만든 더불어민주당을 위해 그 추운 겨울을 감내했을까 곰곰이 곱씹어 볼 일이다. 그나마 희망이 있으려면 더불어민주당 국회의원 개개인뿐만 아니라 더불어민주당 구성원 전체의 통렬한 반성이 전제되어야 한다. 그래야 국민의 가슴에 맺힌 분노와 탄식의 실타래를 풀 수 있다.

더불어민주당이 빠른 시일 내에 정신 차리고 국민들께 신뢰를 보여주지 못한다면 한 번 더 가혹한 시련을 안겨 줄 가능성이 크다. 더불어민주당은 통렬히 반성하고 똘똘 뭉쳐 싸워야 한다. 지역구 예산 몇 십억 원 챙겨 왔다고 온갖 곳에 현수막을 부치고 평소에는 가 보지도 않았던 시설을 방문해서 읍소한들 무슨 소용이 있겠는가.

혁신위는 차기 총선 후보 선정 과정을 기계적인 공정성보다 후보 자질이나 철학 등을 검증할 특별한 대책을 마련해야 한다. 총선 후보자가 어떤 생각과 철학을 가지고 어떤 정치를 하려고 하는지 점검하고 검증할 틀을 반드시 만들어야 한다. 더불어민주당에겐 혁신할 수 있는 시간이 그리 많이 남아있지 않다.

정당 개혁
뿌리부터 시작하자

혁신위 시발점은 시도의원의 공천 혁신부터

　지방자치제의 정착에도 불구하고 선거 때만 되면 터져 나오는 각종 잡음도 여전히 끊이지 않고 있다. 그 가운데 가장 큰 것은 여야 모두 시도당 위원장들과 지역위원장들의 공천 장사와 그에 따르는 지자체장들을 비롯한 시·군·구 의원들의 자질 문제일 것이다.

　심지어는 출마자들을 놓고 기초의원 3000만 원, 광역의원 5000만 원, 지자체장 최소 1억 원 이상이라는 믿기 힘든 이야기들이 정가에 회자되기도 했다. 물론 그렇지 않은 사람들이 더 많겠지만 그런 소문들을 진짜로 믿고 있는 국민들이 상당히 많다는 점이다.

여야 모두 공천 과정들을 가만히 지켜보면 돈 문제가 아니더라도 정치 지망생이나 신인들이 겪어야 하는 합리해 보이는 일들이 상당히 많다. 지방의회 의원을 꿈꾸며 오랫동안 정당 활동을 해온 사람들은 물론 지방의회 의원에 출마하고자 하는 지망생들이 당에 입당하면 우선 위원장들을 위한 각종 집회나 행사도 알선해야 하고 기존 기초·광역 의원들은 의회에서 국회의원이나 위원장을 위한 질의도 서슴지 않고 해야 한다.

가끔씩은 국회의원이나 위원장이 만드는 모임에 나가 뒤치다꺼리도 해야 한다. 한마디로 말해 무한 충성, 눈도장 찍기를 해야 하는 것이다. 지방자치단체장 출마 희망자도 예외는 아니다.

불합리한 문제들은 둘째 치고 과연 그렇게 하면 공천은 확실하게 받을 수나 있을까 궁금하다. 물론 그럴 리는 없다. 공천 때가 다가오면 지역에 미묘한 기류가 흐르기 시작한다.

사업으로 큰 성공을 거두었다거나 지역 국회의원이나 위원장과 특수 관계라는 점을 은근히 퍼트리면서 한 번도 들어본 적 없는 사람들이 하나 둘씩 슬슬 나타나기 시작한다. 출마 지망생들은 이때부터 불안에 떨기 시작한다.

과도한 충성 경쟁이 벌어지고 경선 투표에 대한 투표권을 갖고 있는 당원들은 메뚜기도 한철이라고 여기저기 기웃거림이 본격화된다. 지역위원회 각급 단위 모임마다 새로운 사람들이 소개되고 핵심 당 간부 몇몇 사람이 은근히 공천을 암시하며 그동안 당에 헌신해온 지망생들에게 참담함을 안겨 주는 일도 비일비재하게 일어나고 있다. 그런 장면들을 실제로 직접 목도하기도 했다.

일부 지자체장들은 당선되면 본전을 뽑으려 각종 업자들을 줄세우고 인사권을 미끼로 공무원들까지 선거판으로 내몬다. 지방의 시·군단위로 갈수록 심하며 당선이 확실한 영·호남 지역으로 가면 이런 현상은 더욱 심해지며 그에 따른 자질 문제 또한 심각한 지경이 된다. 풀뿌리 자치가 이런데 중앙당은 오죽하랴. 세상은 인공지능 로봇과 챗GPT 같은 첨단 기술이 하루가 멀다하고 새롭게 나오고 있고 지구환경은 온난화를 지나 펄펄 끓고 있을 정도로 급변하고 있는데 언제까지 우리의 정치는 30년 전에 머물러 있을 것인가.

시도 위원 선거를 지표화하자

정당개혁은 풀뿌리부터 해야 한다. 지구당도 앞으로 시도 위원 선거를 할 때 반드시 객관적인 근거를 지표화해서 평가를 받도록 해야 한다. 그렇게 하면 위원장들의 사적 개입에 의해서 당에서 열심히 일했던 사람들이 소외되는 경우를 줄일 수 있을 것이다.

구체적인 방법을 제시하면 다음과 같다. 우선, 기초와 광역의원은 선출되고 나면 임기 시작과 동시에 시작해 공천 시점 한 달 전까지를 정량평가 기간으로 정해 지속적으로 지표관리를 한다. 이렇게 측정한 점수 50퍼센트와 가칭 후보자 자질 심사평가위원회를 구성해 이들이 평가한 점수 50퍼센트를 합산해 선출해 볼 것을 제안한다. 심사평가위원회는 후보자의 공약과 철학을 검증할 수 있는 지역 주민, 시민단체, 학자들로 60퍼센트를 채우고, 나머지 40퍼센트는 당내 인사로 구성할 것을 제안한다.

정량 점수 50퍼센트는 지표화 할 수 모든 자료, 즉 당 행사, 집회, 간담회, 봉사활동 등을 포함하며 지방의원일 경우 질의 횟수나 질의 내용, 회의 참석률 등을 포함시키고, 정치 지망생일 경우 지역위원회의 특성에 맞는 독특한 지표를 추가 할 수 있게 설계하면 된다.

정성 평가 점수는 중앙당이 기본안을 제시하고 시도당이 지역에 특성에 맞는 세부안을 만들어 운영하면 지역에 자율권도 주고 지역 고유의 특성을 고려한 지역 인재를 발굴할 수 있는 좋은 기회가 될 수 있지 않을까 한다.

특히 현역 지방의회 의원들이 추문에 걸리거나 이권과 관련된 질의를 한 사례가 있거나 사법처리 대상이 될 때에는 당에서 정하는 룰에 따라 감점할 수 있게 하면 효능감이 커질 수 있다. 또 공정성과 합리성에 바탕을 둔 공천을 실시하면 공천 후유증으로 인한 혼란과 당력 손실 등을 사전에 예방할 수 있는 장점이 있고 지역 국회의원 및 지역위원장들의 금품 수수 및 그에 따른 전횡을 막을 수 있을 것이라고 생각한다.

물론 이 같은 생각이 반드시 정답이라고 할 수는 없겠지만 지역 정치가 지금 보다 한 단계 도약 할 수 있는 계기는 충분히 될 수 있다고 믿는다. 여러 가지 문제로 현실적인 저항에 부딪힐 경우에 선거에 출마하는 후보자들 중 희망자에 한해 시도별로 한 곳씩 정해 모범을 창출해 보는 것도 좋은 방법이 될 수 있을 것이다.

선출된 권력은 유권자로부터 통제 받아야 한다

인기에 영합해 당의 정체성을 훼손하고 해당 행위를 하는 의원들이 늘고 있다. 특히 중대한 선거를 앞두고 하는 이들의 행위는 당의 존립마저 위태롭게 하고 있다.

국회의원에 당선되고 난 후 의정활동 3년 차가 되면 지역 주민들로부터 평가를 받게 하고 싶다. 공청회를 통해 기본안을 마련해 중앙당이 구체적인 안을 제시하고 공천과정에서 이에 동의하도록 한 후에 다음 회기부터 우리 당에서 선제적으로 시행해보았으면 하는 생각이다.

선출된 권력은 유권자로부터 통제를 받아야 한다는 당위성을 강조하는 차원에서도 매우 의미 있는 일이 될 것이다.

민주주의 시스템에서 모든 공직자는 스스로 통제를 받으려고 해야 한다. 국회의원들이 3선이 넘으면 욕을 먹는 이유는 자신의 초심을 점검받을 수 없기 때문이다. 처음 시작할 때는 누구나 의지가 강하지만 시간이 지나면서 그런 것들이 허물어진다. 스스로 언제든지 통제 받으려고 하는 각오가 없으면 늘 변하게 되어 있다. 그래서 다선 의원들이 '고인물' 소리를 듣는 것이다. 요즘 다선 국회의원들에 대한 불만이 많은 것도 다 이런 것 때문이다.

십년 가는 권력 없고
열흘 붉은 꽃 없다

공직자들이 떨고 있다

전북 새만금에서 열린 제25회 세계스카우트잼버리 대회가 세계적 망신 속에서 어정쩡하게 마무리되었다. 전라북도와 여성가족부, 행정안전부, 문화체육관광부 등 중앙 행정 부처들이 주축이 되어 진행한 행사였지만 정부 여당은 준비 부족으로 인한 잼버리 대회의 파행에 대해 전 정부 타령을 늘어놓았다.

그것으로도 모자라 대회 파행의 책임을 개최지인 전북도로 돌렸다. 감사원을 비롯한 각종 사정기관들이 전라북도를 정조준해서 또 다시 희생양으로 만들려는 것으로 보였다. 부실 대응 논란을 일으켰던 이태원 참사의 최고 책임자인 장관이 잼버리 현장을 지휘했음에도 말이다.

그간의 사태를 보면서 책임은 떠넘기고 권한만 행사하려는 정부에 대해 국민들의 공분이 쌓여갈 수밖에 없으리라 생각한다. 잼버리를 계기로 지역 갈등을 부추겨 총선에 반사이익을 보려는 그 얄팍한 수를 이제 국민들도 간파하게 됐다고 확신한다.

이태원 참사, 오송 궁평 지하차도 침수 등 국민의 안전과 직결된 각종 사건사고가 잇따라 일어났다. 그러나 대통령은 국정의 최고 책임자로서 진정성 있는 사과나 유감을 표명한 적이 거의 없다.

상황이 이렇다 보니 공직자들이 이 정부에 갖는 불신의 골이 깊어지고 있다. 이른바 국정과제라고 하는 노동, 연금, 교육을 담당하는 TF 팀에 차출된 공직자들이 문제가 생기면 지시를 내린 윗선은 빠져 나가고 실무자들만 처벌받거나 앞으로 처벌받을 수도 있다는 두려움과 무력감이 팽배하다는 목소리가 나오고 있다.

이러한 분위기가 계속되면 공직사회는 수동적인 조직으로 전락하게 만든다. 조직에 급박한 위험이 닥치거나 좋은 아이디어가 있더라도 나서지 않고 입을 꾹 다물게 되는 것은 너무나 당연한 귀결이다. 수동적 지시에만 움직이는 것이 만약의 사태를 대비해 신상에 더 낫다는 생각을 할 수밖에 없는 분위기다.

잼버리 대회 역시 마찬가지다. 최고 책임자의 방관, 공직자의 심리적 안정감 결여로 인한 참사라 해도 무방하다고 생각한다. 따라서 공직자들이 최선을 다해 일할 수 있는 분위기를 만들어주는 것이 우선돼야 한다. 공직자들이 정부에 대한 심리적 안정감을 갖게 하려면 관리자의 무한 책임의식이 선행돼야 한다는 뜻이다.

그러나 이런 현상이 계속된다면 결국 가장 큰 피해를 보는 쪽은 국민이다. 특히 대형사건이 발생할수록 국민들이 더 큰 짐을 짊어지게 될 수밖에 없을 것이다. 국민들이 법치주의를 존중하지만 역사적으로 모든 민의는 법을 뛰어넘어 왔다. 법 체계가 갖는 한계성이 너무나 명확하기 때문이다. 초유의 비상 상황에는 비상한 대책과 각오가 뒤따라야 한다. 법 타령만 하는 정부는 바라보는 국민들은 피곤할 수밖에 없다.

총선 승리를 위한 이념 논쟁 프레임

정부는 최근 한·미·일 삼각 군사동맹을 강화한다며 우리 남해에 일본군을 끌어들여 한·미·일 합동군사훈련을 진행했고 일본 정부의 핵 폐수 방류에 대해선 시종일관 방관으로 일관했다. 여기에 8·15 경축사를 통해서는 반국가세력 운운하며 이념 논쟁에까지 불을 지폈다.

그러더니 급기야 우리 육군사관학교에 설치돼 있는 홍범도 흉상을 철거하고 그 자리에 백선엽 흉상을 설치하겠다고 나서고 있다.

문재인 정부에서 주중 대사와 대통령 비서실장을 지냈던 노영민 실장과 함께한 필자의 모습.

참 기이한 일이다. 도대체 왜 그러는지 이해하지 못하겠다는 사람들이 많다. 하지만 요즘 돌아가는 정치 상황을 조금만 들여다보면 답이 보인다. 내년 총선에서 정부 여당이 승리하기 위해 이념 논쟁 프레임을 가동하고 있다는 것이 확실해 보인다

윤석열 정부는 일찍부터 시민단체와 노조, 그리고 더불어민주당을 반국가세력으로 규정했다. 시민단체들의 보조금 등을 샅샅이 뒤지고 노조 전임자의 불법성 북한 연루 의혹을 제기하며 노조의 회계까지 들여다보겠다면서 달려들고 있다.

제1야당을 협력의 대상이 아니라 '적'으로 규정해 놓고 이념을 끌어들여 짜맞추기를 하고 있다. 여기에 또 한 가지 이재명 대표의 사법 리스크를 확대, 재생산해 더불어민주당 내 친명, 비명을 갈라치기하면서 총선에 승리하겠다는 전략의 실체를 그대로 드러내고 있다.

아직도 분단의 아픔을 안고 살아가는 국민들에게 케케묵은 이념을 끌어들여 아물어가는 상처를 다시 들쑤시고 있다. 또한 식민지의 노예로 살았던 우리의 입장이 아닌, 일본 우익 입장에 서서 마치 우리를 바보로 보는 것 같은 이상한 행태에 아연실색하지 않을 국민들이 어디 있겠는가. 그것도 모자라 그런 일들이 총선 전략의 일환으로 진행되고 있는 것이라면 어느 국민이 분노하지 않을까.

권력은 유한하다

반면 제1야당 더불어민주당의 모습은 심히 실망스럽다. 윤 대통령 총장 시절 특수활동비, 서울·양평 고속도로 게이트, 해병대 박정훈 대령 사건 등을 비롯한 각종 의혹들이 쏟아져 나오고 있지만 국정조사나 특검으로 뭐 하나 제대로 정리된 것이 없다. 아예 결기조차 보이지 않는다. 원내 돌아가는 행태가 얼마나 한심해 보였으면 당 대표가 직접 나서서 목숨을 건 무기한 단식까지 했을까.

국민들은 인내심의 한계를 드러내며 더불어민주당을 지켜보고 있다는 사실을 제발 직시하기 바란다. 그래도 아직까지는 더불어민주당만이 고달픈 국민들의 삶을 살피고 역사를 바로잡을 수 있다는 실낱같은 희망으로 더불어민주당에 화를 내며 채찍질하고 있는 것이라는 것을…. 더불어민주당의 분발을 다시금 촉구한다.

권력은 유한하다. 역사는 아무리 비틀고 왜곡해도 굴절은 있을지언정 결국 바로 돌아간다. 특히 역사를 정략에 이용하면 엄중한 심판이 뒤따른다는 평범한 진리를 대통령을 비롯한 현 집권세력은 깨달아야 할 것이다.

대통령 스스로가 말했던 것으로 기억한다. '그까짓 5년짜리 공무원이라고' 권불십년 화무십일홍(權不十年 花無十日紅)이란 말이 있다. '십 년 가는 권력 없고, 열흘 붉은 꽃 없다'는 뜻으로 한번 성하면 언젠가는 쇠하기 마련이라는 의미를 담고 있다. 권력은 유한하다는 것을 잊어서는 안 된다.

'편 가르기' 아닌 통합의 대통령이 필요하다

나눠서 통치한다는 전략

'디바이드 앤드 룰divide and rule'. 나눠서 통치한다는 의미이다. 흔히 '분할 지배'라고도 한다. 분할 지배의 역사는 매우 길다. 거슬러 올라가면 로마제국 때부터 있었다. 지배층이 피지배층의 민족·종교·경제적 이해 등을 이용해 내부 분열을 일으켜 쉽게 지배할 수 있도록 했다. 분할 지배는 특히 제국주의 국가들이 식민지를 지배하는 과정에서 많이 사용했다. 그 전략이 적용되면 대부분의 국가들은 외세에 의한 싸움이 아니라 스스로 내부의 싸움이 되면서 상처를 남기게 된다.

제국주의 국가들의 분할 지배를 통해 나누어진 대표적인 나라가 바로 인도와 파키스탄이다. 한때 같은 나라였던 두 나라는 영국이 종교

익산 4·4 만세운동을 이끌었던 문용기 선생의 순국 열사비 앞에서. 4·4 만세운동은 3·1운동에 이어 익산 솜리장터에서 이루어진 항일 독립 만세운동이다.

를 이용해 분할시킨 이래, 지금까지도 전쟁과 핵무기 경쟁으로 갈등을 이어가고 있다.

일제 강점기를 거치며 식민 지배를 당해 온 우리나라 역시 그런 경험을 갖고 있다. 일본은 3·1운동을 계기로 총과 칼로 하는 '무단 통치'로 우리 국민들의 마음을 꺾는 것의 한계를 느끼고 방향을 바꾸게 된다. 일제가 1920년대에 내놓은 '문화 통치'가 바로 전형적인 분할 지배의 사례다. 가혹한 식민 지배를 은폐하고, 친일 세력을 만들어 우리 민족을 이간하고 분열시키기 위한 수법이었다.

그것이 곧 친일파 문화 예술인의 등장으로 나타났다. 결국 우리 민족이 우리 민족을 비난하고 싸우는 상황까지 이어졌다. 식민지 조국의 삶에서 일본을 보는 게 아니라 일본에서 우리나라를 보는 시각이 탄생했다. 일본이 우리나라를 근대화시켜주는 게 좋은 일이라는 논리다.

지금도 지워지지 않는 역사다. 일본 정치인들보다 더 앞서서 후쿠시마 수산물 홍보에 열을 올리고, 핵 폐기 오염수가 안전하다면서 바닷물까지 마시는 정치인들. 마치 일제 강점기 때 황국 식민화와 근대화론을 주창했던 사람들 같다. 해방 뒤 친일파를 단죄하지 못한 결과, 친일 세력은 군사독재 세력으로 살아남아 민주화에 걸림돌이 됐고 그 과정에서 많은 국민이 희생됐다. 지금 윤석열 대통령이 보여주고 있는 시각도 이와 매우 비슷하다. 우리나라의 입장에서 일본을 바라보는 것이 아니라 일본의 입장에서 우리 국민을 보는 듯한 상황이 얼마나 많은가.

갈라치기하는 정치인들을 축출하자

정치인들은 끊임없이 갈라치기를 한다. 군대 문제와 페미니스트 문제를 갖고 남자와 여자를 갈라치기 하고 청년과 중장년 사이에서 일자리와 소득을 놓고 세대별 갈라치기를 한다. 정치권의 갈라치기가 어제오늘의 일은 아니다. 지역감정을 조장하면서 지역을 갈라치기 하고 노동자 분열을 유도하면서 노동자들을 갈라치기 했다.

세종대 캠퍼스에서 만난 호사카 유지 교수. 그는 오래 전부터 신친일파의 대두에 대해서 경고를 해왔다.

하지만 요즘처럼 이렇게 대놓고 갈라치기를 하는 것을 좀처럼 보기 힘들다. 옛날에는 정치인들이 갈라치기를 하더라도 양심은 있었다. 겉으로는 그렇지 않은 척, 은근슬쩍 갈라치기를 했다. 지역 갈라치기를 하면서도 겉으로는 지역 통합을 이야기하는 최소한의 양심은 있었다.

지난 대선 때 국민의힘은 '여성가족부 폐지' 같은 7글자로 갈라치기 전략에 편승했다. 대선 기간 내내 정책은 사라지고 배제·혐오·차별이 논쟁거리가 됐다. 윤석열 대통령이 당선됐지만, 이 젠더 갈라치기는 우리 사회에 깊은 상처를 냈다. 사회가 더 퇴보한 느낌이다.

이런 정치인들은 지금이라도 당장 정계에서 축출시켜야 한다. 국민을 이간질하고 분열시켜서 표를 얻으려는 간사한 정치인들은 국민들이 투표로 심판해서 정치권으로부터 영원히 퇴출시켜야 한다. 갈라치기 한다고 비난만 하지 말고 몸으로 직접, 투표장에서 보여주어야 한다. 그래야지만 다시는 그런 정치인들이 등장하지 못할 것이다. 갈라치기 수법을 대놓고 시도하려는 정치인을 그냥 보고만 있을 것인가.

이제는 진보나 보수의 대통령이 아니라 국민의 대통령을 추구할 때가 됐다. 이념과 사상으로 갈라치기하지 말고 국가의 이익과 국민의 행복을 위해 진심으로 봉사할 수 있는 대통령이 필요하다. 편 가르기 정권이 아니라 모든 국민을 포용할 수 있는 국민의 대통령이 탄생하기를 기대해 본다.

정치인의 존재 이유

국리민복(國利民福)을 넘어

30년간 정치권에 몸담아 오면서 정치에 대해서 많은 생각을 하고 또 스스로에게 묻곤 했다. 왜 나는 정치를 하는가. 정치를 하는 이유는 무엇인가. 정치인은 자기 철학이 있어야 한다. 철학이 없는 정치인은 정치에 나서면 안 된다. 철학이 빈약한 정치인은 끝이 뻔하다. 좋지 않은 결말이 기다리고 있을 뿐이다.

내가 정치하는 이유는 단 하나다. 국민들 삶의 질을 향상시키고 국민의 생명과 재산을 지켜주기 위함이다. 즉, '국리민복(國利民福)'을 위한 것이다. '국리민복'은 '국가의 이익(國利)'과 '국민의 복지(民福)'을 의미하며, 국가의 발전과 국민들의 복지가 함께 이루어져야 함을 내포하고

정치인이라면 국민들 삶의 질을 높이기 위해 노력해야 한다. 사진 왼쪽부터 박원서 강동구의회 원내 대표, 진선미 의원, 우상호 의원과 필자(맨 오른쪽).

있다. 기본적으로는 국민들을 등 따시고 배부르게 해주는 것이지만 나는 그 수준을 넘어서 국민들의 삶의 질을 높이는데 한몫하고 싶은 생각이다.

국가가 발전하려면 국민 모두가 복지를 누려야 하고, 국민이 행복하려면 국가가 안정되고 발전해야 한다. 개인의 복지를 추구하는 것은 어찌 보면 당연한 일이겠지만 등 따시고 배부른 것을 넘어 앞으로는 국민들 삶의 질을 획기적으로 더 높게 만들어주어야 한다.

국회의원을 3선, 4선하는 사람들에게 묻고 싶은 것이 있다. 국회의원을 몇 번 했다고 내세우기 전에 스스로 국민들을 위해서 무엇을 했는지, 정치권에 어떤 영향을 미쳤는가를 한번 생각해보라는 것이다.

국민들을 위해 싸워 달라

현 정부가 이렇게 실정을 거듭하고 있는데도 더불어민주당이 지지율을 얻지 못하고 욕을 먹는 것을 보면 더불어민주당 현역 의원들에 대한 비판을 하지 않을 수 없다. 국민들에 대해서는 관심이 없고 일단 자신이 다음 선거에서 당선되고자 하는 욕심 밖에 없는 사람들처럼 보인다. 그럼에도 나는 다음 총선에서 더불어민주당이 승리할 것으로 기대하고 있다. 아무리 더불어민주당이 제대로 못한다고 해도 국민들이 살기에는 보수 정권보다는 그래도 진보 정권이 낫다는 인식이 있다.

더불어민주당은 야당임에도 불구하고 야성을 잃은 지 오래다. 지금도 스스로 여당인 줄 알고 있는 것이 아닌지 의심이 들 정도다. 그 근본적인 배경에는 검찰에 대한 두려움이 있다. 잘못한 것이 없어도 잡아가면 일단 죄가 된다고 생각하기 때문이다. 그럴수록 싸워야 한다. 조국 교수의 온 가족이 멸문지화를 겪는데도 다들 눈만 멀뚱멀뚱 뜨고 지켜보고만 있다. 그 과정에서 문제를 지적하는 사람들이 별로 없다.

가만히 보면 패륜과도 같은 짓이다. 자기들이 안 싸우는데 국민들의

새만금 예산, R&D 예산 삭감 등에 항의하기 위해 익산 시내에서 1인 시위를 하고 있는 필자의 모습.

생명과 안전을 어떻게 지켜줄 수 있을까. 국민들을 지켜주기는커녕, 국민들이 지켜줘야 하는 대상이 됐으니 그게 문제다. 더불어민주당이 국민으로부터 지지를 받지 못하고 있는 이유가 아닐까.

개혁,
바다로 향해 흐르는 물처럼

개혁은 흐르는 물과 같다

"강물은 결코 바다를 포기하지 않는다."

노무현 전 대통령을 생각하면 항상 떠오르는 말이다. 노 대통령은 정치인으로 살면서 내내 힘든 고난을 겪었지만 포기하지 않고 담대하게 뚜벅뚜벅 나갔다. 그렇게 흘러서 결국 바다로 나간 셈이 됐다.

물은 곧 생명이다. 갈수기가 되어 물이 말라붙으면 생명도 사라진다. 바싹 말라버려 생명이 사라진 땅 위에 어느 날 비가 내리고, 그 빗물이 모여 작은 물줄기가 되어 졸졸 흐르기 시작한다. 작은 물이 모여, 큰물이 되고, 큰물이 모여 더 크고 넓은 곳을 향해 나아간다.

갈수기에는 물이 말라 땅바닥을 보이지만 비가 많이 와서 홍수가 나면 물은 하나의 몸처럼 모여서 세차게 흘러간다. 커다란 바위를 옮기기도 하고 없던 길을 새롭게 내기도 한다. 어디서 어떻게 흐르던 모든 물은 결국 바다에서 만난다.

개혁도 물과 같다. 목적을 정해놓고 흘러가는 물이다. 조금 힘들면 좀 돌아가기도 하지만 큰물을 만나면 소용돌이치면서 빨리 흘러가기도 한다. 어떻게든 흘러서 바다로 간다. 아무리 개혁이 급하다고 해서 하루아침에 바다에 다다를 수 없다. 하루아침에 이룰 수 있는 개혁은 혁명이다. 혁명으로 하루아침에 모든 것을 바꿀 수는 있지만 늘 그렇게 할 수는 없다. 매일 매일 현실 속에서 타협하고 양보하면서 흘러갈 방법을 찾아야 한다.

촛불은 꺼지기 전이 가장 밝다

최근 검찰 정권의 폭주를 지켜며 고통 받고 있는 국민들이 많지만 그래도 우리에게 희망은 있다. 오래 전 노무현 대통령이 씨를 뿌려 놓은 검찰 개혁이 아주 조금씩, 조금씩 앞으로 나아가고 있다고 생각한다. 이제 그 종착역에 가까워지고 있다는 생각이 든다. 촛불은 꺼지기 전이 가장 밝다는 말이 있다. 검찰 개혁이라는 긴 물줄기도 언젠가 흘러서 바다로 흘러갈 것이다. 그 길이 멀지 않았음이 느껴진다.

이태원 참사 희생자 추모제를 마치고 난 후 윤석열 퇴진 김건희 특검 촛불대행진에 참석해 정부 여당의 실정을 비판했다.

국민들의 여망을 저버리고 시대의 흐름에 역행하면서 특정 정당을 만들어서 당을 깨고 나간 사람들, 국민들은 안중에 없고 오로지 자신의 선수(選數) 늘리기에만 급급했던 사람들의 결말이 또 어떻게 됐는가. 가만히 앉아서 스스로를 반추해보면 자신들이 무슨 짓을 했는지 깨달을 수 있을 것이다. 역사의 수레바퀴를 거꾸로 돌리는 퇴행적 사고를 가진 사람들이 여전히 정치권에 남아 있다는 사실이 안타깝다.

"고향에 돌아와 살면서 해보고 싶었던 꿈을 모두 다 접었다. 죽을 때까지 고개 숙이고 사는 것을 내 운명으로 받아들일 준비를 했다. 재판 결과가 어떠하든 이 운명을 거역할 수 없다고 생각했다. 20년 정치인생을 돌아보았다. 마치 물을 가르고 달려온 것 같았다. 세상을 조금이라도 바꾸었다고 믿었는데, 돌아보니 원래 있던 그대로 돌아가 있었다. 정말로 세상을 바꾸는, 사람 사는 세상을 만드는 길이 다른 데 있었던 것은 아니었을까? 대통령은 진보를 이루는 데 적절한 자리가 아니었던 것이 아닐까? 그렇다면 도대체 누가, 무엇으로 어떻게 세상을 바꾸는 것일까?"

노무현 자서전 〈운명이다〉 332쪽 중에서

노무현 대통령은 "20년 정치 인생을 물을 가르고 달려온 것 같았다"고 말했다. 그는 정말 세상을 바꾸는, 사람 사는 세상을 만드는 길을 달려온 사람이다. 무릇 정치인이라면 세상의 큰 흐름을 읽고 이해하고, 행동해야 한다. 시대의 흐름을 정확히 읽지 못하고 노무현 대통령 탄핵에 동참했던 더불어민주당 국회의원들의 결말이 어떻게 되었는지 우리 모두 잘 알고 있다. 유유히 흘러가는 강물에 밀려 구시대의 유물로 떠내려가고 말았다. 개혁은 바다를 향해 흘러가는 물과 같다. 지금 이 시간에도 조금씩, 천천히 흘러 바다로 향해 나아간다. 우리 모두가 힘을 합친다면 개혁의 바다를 향해 흘러가는 강물의 물살도 조금씩 빨라질 것이다.

**세상을 바꾸는
부드러운 원칙**

초판 1쇄 인쇄 2023년 11월 17일
초판 1쇄 발행 2023년 11월 25일

지은이 ● 성기청
펴낸이 ● 정재학
펴낸곳 ● 퍼블리터
등록 ● 2006년 5월 8일(제2014-000181호)
주소 ● 경기도 고양시 일산동구 정발산로 24(장항동 868) 웨스턴타워 T3 416호
대표전화 ● (031)967-3267
팩스 ● (031)990-6707
이메일 ● publiter@naver.com
홈페이지 ● www.publiter.co.kr
페이스북 ● www.facebook.com/publiter1
블로그 ● blog.naver.com/publiter
인스타그램 ● instagram.com/publiter

기획 ● 곽경덕
편집 ● 임성준
마케팅 ● 신상준
디자인 ● 정스테파노

가격 18,000원
ISBN 979-11-980785-4-4 03340

ⓒ 2023 성기청

잘못된 책은 구입한 서점에서 바꿔드립니다. 이 책에 실린 모든 내용, 디자인, 이미지, 편집 구성의
저작권은 퍼블리터와 지은이에게 있습니다. 허락 없이 복제할 수 없습니다.